## ―― はじめに ――

平成29年、建設現場では、建築工事（木造除く）で108人、土木工事で123人の尊い命が奪われました。このうち墜落死亡災害は４割近くも占め、最も多発しています。

墜落災害は、死亡災害につながりやすいにも関わらず、十分な対策が講じられず、いつまでたっても、同じような墜落死亡災害が、繰り返し、繰り返し発生しています。

墜落災害は大きく２つに分けられます。
１つは高さ２m以上の高所からの墜落。法的に墜落防護措置を講じなければならないのに、それができていない。
もう１つは、高さは２mもない所ですが、何かの上に乗らなければ作業ができず、その上に乗り墜落。用具等に乗る時は、正しい使い方をしなければならないのに、それができずに墜落。

なぜ、このようなことが繰り返し発生しているのでしょうか。
対策はわかっているのに、なぜそれができないのでしょうか。

本冊子では、平成29年の建設現場の墜落死亡災害を基に、「墜落死亡災害撲滅のための17の鉄則」を紹介します。

ただ、すべての鉄則は、これまでにどこかで聞いたことのあるものばかりです。
それは、これらの墜落死亡災害が、昔から繰り返し発生しているものだからです。

墜落死亡災害が繰り返し災害であることを十分に理解し、皆さんの現場では、いつでも、どこでも、どんな時でも、この17の鉄則が守り続けられることを願っています。

著　者

# 墜落災害防止17の鉄則　目次

# 最近の災害は、繰り返し災害ばかり

最近起こっている災害を見ると、繰り返し災害ばかりです。
「なぜこれができなかったのか」「なぜこれをしなかったのか」そういったものばかりです。

危ないと分かっていたり、災害につながるかもしれない可能性があることを理解しているにも関わらず、なぜ危険を軽視した行動をしてしまうのでしょうか？

心理学では、危険軽視はリスクテイキング（リスクに対する意思決定）とされています。
リスクテイキングによる危険な行動までの過程は、

| | |
|---|---|
| ①自らの置かれた状況を理解する | ⇨ 状況の認知 |
| ②自らどう行動すればよいか<br>アイデアを浮かべる | ⇨ 行動の想起 |
| ③複数の行動についてメリットと<br>デメリットを考える | ⇨ 行動の評価 |
| ④メリットとデメリットを比べ<br>どちらかを選ぶ | ⇨ 意思決定 |
| ⑤その意思決定に従い行動する | ⇨ 行動 |

このように、５つのステップに分かれます。

危険軽視により発生した労働災害を例に、この５つのステップがどのようなものなのか、事例をもとに見てみましょう。

**事例　脚立でのクラック補修作業中のAさん**

**最初は安全に作業していましたが、途中から身を乗り出して作業をした結果、墜落してしまいました。**

**リスクテイキングの５つのステップに照らし合わせてＡさんの状況を見てみましょう。**

クラック補修作業に集中しているＡさん。

しかし、「このあとの作業が詰まっているので、できる限り早く作業を終わらせたい」という思いから、焦りの感情が沸いてきます。

どのように作業を進めればよいかを想像するＡさんは、

- 脚立をこまめに移動させるのは、脚立の昇降が頻繁となり時間がかかりそう。
- 脚立上から身を乗り出して作業すれば、脚立の移動回数を減らすことができる。

このように思い始めます。

そしてＡさんは、『身を乗り出して作業すること』のメリット、デメリット（リスク）を考えます。

この場合のメリット、デメリットは、次のとおりです。

・メリット（リスク）……脚立の移動回数が少なくなり、作業が早く終わる。

・デメリット（リスク）……バランスを崩し脚立から墜落する。

思い浮かべたメリット、デメリットを比べます。

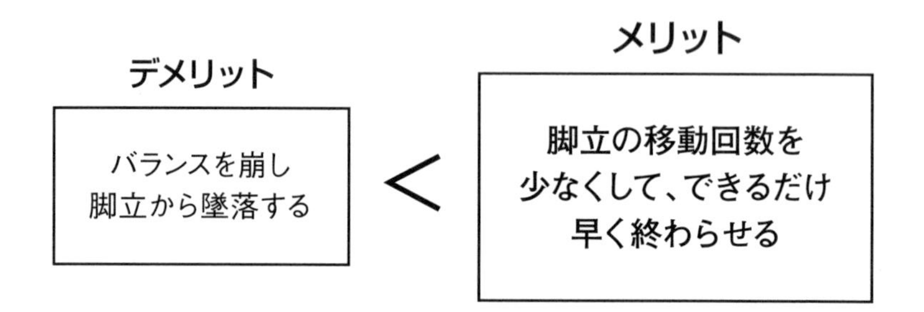


Ａさんは『バランスを崩し脚立から墜落する』というデメリットを過小評価し、『脚立の移動回数を少なくしてできるだけ早く終わらせる』というメリットを優先させました。

その結果、Ａさんは脚立上で身を乗り出して作業を行い墜落してしまいました。

Ａさんはメリットを選んでしまった結果、身を乗り出し、脚立から墜落するという災害を発生させてしまったのです。

では、このような危険軽視が起こらないようにするにはどうすればよいのでしょうか？

それは、一言で言えば、**メリットよりデメリットが大きくなるようにすればよい**のです。

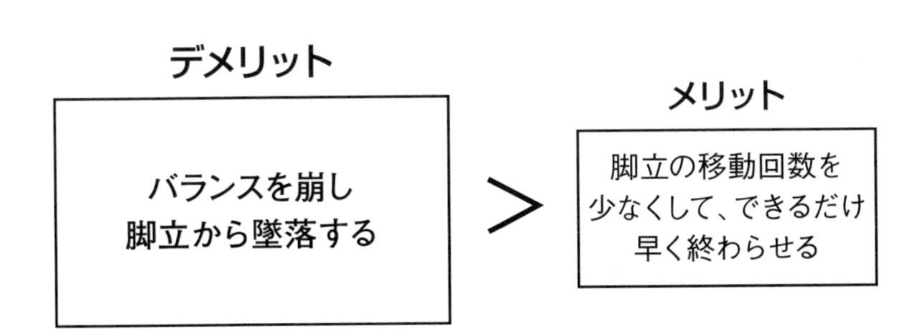


具体的には、脚立上での作業は、墜落死亡災害が後を絶たず、実はとても危険なことを十分に理解させることなのです。

「このぐらいの高さならたとえ落ちたとしても大丈夫だろう」と軽視せず、デメリットを選択するということがいかに危険なことなのかを肝に命じなければなりません。

現場管理者の方は、作業員にとってのデメリットを大きくするよう教育することが重要です。

# 全国で繰り返し発生する死亡災害

全国で繰り返し発生する死亡災害を見てみましょう。

まずは、建築工事です。

## 建築工事

平成29年の建築工事の死亡災害ランキングは、右のとおりです。

これらを合計すると101人となり、全体108人の94％を占めます。建築工事はほとんどが繰り返し災害であることが分かります。

建築工事の死亡災害の特徴は以下のとおりです。

**①圧倒的に墜落が多い。同じような墜落が繰り返されている**

足場からが23人、屋根からが14人と多く、その他、脚立５人、鉄骨３人、デッキプレート３人（一度に３人死亡）も多い。

**②交通事故が多い**

建設業に限らず、屋外作業では、最近、交通事故が多発しています。

**③クレーン作業の災害が多い**

クレーン作業は人の判断が多く、誤った判断が災害を招いています。

**④解体工事の災害が多い**

倒壊災害が数多く見受けられます。

## 平成29年建築工事　死亡災害ランキング

（全108人中、101人、94%を占める（木造除く））

|  |  |
|---|---|
| 第1位 | さまざまな墜落（61人）<br>○墜落・足場上作業（13人）<br>○墜落・足場組立て作業（7人）<br>○墜落・足場解体作業（3人）<br>○墜落・屋根（スレート）（4人）<br>○墜落・屋根（明かり取り部分）（3人）<br>○墜落・屋根（その他）（7人）<br>○墜落・脚立（5人）<br>○墜落・鉄骨（3人）<br>○墜落・デッキプレート（3人）<br>○墜落・屋上（防水等）（2人）<br>○墜落・トラック荷台（2人）<br>○墜落・はしご（2人）<br>○墜落・開口部（2人）<br>○墜落・その他（ローリングタワー、ゴンドラ、うま、高所作業車等5人） |
| 第2位 | 交通事故（自損事故、13人） |
| 第3位 | 重機等（トラック、バックホウ、タイヤローラー、フォークリフト等）にひかれる・はさまれる（8人） |
| 第4位 | クレーン作業（7人） |
| 第5位 | 解体作業（7人）<br>○解体・倒壊（4人）<br>○解体・墜落（屋根除く）（2人）<br>○解体・その他（1人） |
| 第6位 | 熱中症（5人） |

注）解体作業中の墜落は、屋根からのものは上に含み、屋根以外は解体作業に含む

次は土木工事です。

## 土木工事

平成29年の土木工事の死亡災害ランキングは、右のとおりです。

これらを合計すると118人となり、全体123人の96%を占めます。

土木工事も繰り返し災害がほとんどであることが分かります。

土木工事の死亡災害の特徴は以下のとおりです。

**①重機関連災害が多い**

重機にひかれる・はさまれる、重機の転倒・転落が多い。

**②交通事故が多い**

建築工事同様、交通事故が多発しています。

**③クレーン作業の災害が多い**

クレーン作業は、人の判断が多く、誤った判断が災害を招いています。

**④自然を相手にすることが多く、それに起因した災害が多い**

立木、土砂崩壊等に起因した災害が多い。

平成29年の墜落死亡災害について、P30～P59に建築工事、P60～P67に土木工事の事例を示しますが、P12からはこれらの死亡災害を教訓とした「墜落死亡災害撲滅のための17の鉄則」を示します。これら17の鉄則をどこでもどんな時でも守ることができれば死亡災害は撲滅できます。

## 平成29年土木工事　死亡災害ランキング

（全123人中、以下で118人（96%を占める）

|  |  |
|---|---|
| 第1位 | 重機等にひかれる・はさまれる（28人） |
| 第2位 | 交通事故（自損事故、21人） |
| 第3位 | 重機の転倒・転落（12人） |
| 第4位 | 土砂崩壊（9人） |
| 第5位 | クレーン作業災害（8人） |
| 第5位 | 橋梁上部工（つり足場等）からの墜落（8人） |
| 第7位 | 物の倒壊（4人） |
| 第7位 | 法面・斜面からの墜落（4人） |
| 第7位 | 立木災害（4人） |
| 第10位 | 物の落下（3人） |
| 第11位 | 現場移動中の墜落（2人） |
| 第11位 | はしごからの墜落（2人） |
| 第11位 | 熱中症（2人） |

（その他、重点課題）

○CO中毒（1人）

○上記以外の墜落：足場、トラック荷台、脚立、屋根、フォークリフト、立坑等からの墜落（計10人）

## その1　フルハーネス型墜落制止用器具の鉄則

**フルハーネスに代わっても、そもそも使わなければ意味なし。足場上、屋根上、鉄骨梁上など、墜落防護措置がないところでは、墜落制止用器具を使用しなければなりません。**

## その２　足場点検の鉄則

**足場には、「不備があるかも」と用心深くならないといけません。日頃の点検を忘れないことです。**

用心深く日ごろのチェック！

## その3　スレート屋根の鉄則

**老朽化したスレートの傷みのひどい所は、見た目わかりません。突然、そこを踏み抜いてしまいます。スレート屋根には歩み板を敷かなければなりません。**

## その4　屋根の明かり取り部の鉄則



**屋根の明かり取り部は開口部です。養生が必須なのです。**

明かり取り部は開口部、
しっかり養生しなくては…

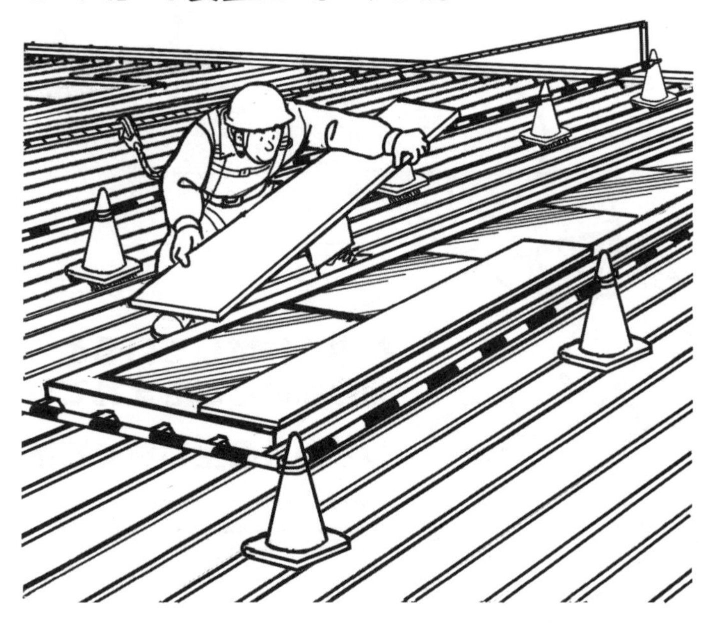

## その５　開口部の鉄則

**開口部の脇で作業に集中すれば、脇に開口部があることをすっかり忘れます。開口部は必ず養生しなければなりません。**

## その6 脚立の鉄則

**脚立は、踏みざんに乗ってもそこは細く、作業中、身体が揺れます。できれば使わないことです。やむを得ず使うなら、正しい使い方をしなければなりません。**

### 正しい使い方

- 身を乗り出して作業しない
- 天板に乗らない
- 反動を伴う作業では片側に乗る
- 脚立を背にして降りない
- 昇降時には手を空けておく

## その7　はしごの鉄則

**はしごは、昇降するためのもの。そこでの作業は不安定で禁止です。上部を固定せず、壁に立て掛けただけのはしごに昇ることは厳禁です。**

## その8　屋上の鉄則



**屋上での作業は、作業があれば外周足場は撤去しない、墜落制止用器具を使用する、作業指揮者が作業中の作業員の安全を見守る。これが鉄則です。**

屋上での作業が終了するまで外周足場は撤去しない

墜落制止用器具の使用・作業指揮者の見守りが鉄則！

## その9　現場内移動の鉄則

**現場では、作業中だけでなく、作業場所までの移動中の墜落が少なくありません。移動通路を定め、そこにはしっかり墜落防止措置を講じます。**

## その10 トラック荷台の鉄則

トラック荷台上での作業は、積み荷の上と、荷台から降りる時が特に危険です。専用の足場を設け墜落制止用器具が使えるように親綱を張り、荷台への昇降では専用の昇降ばしごなどを用意します。

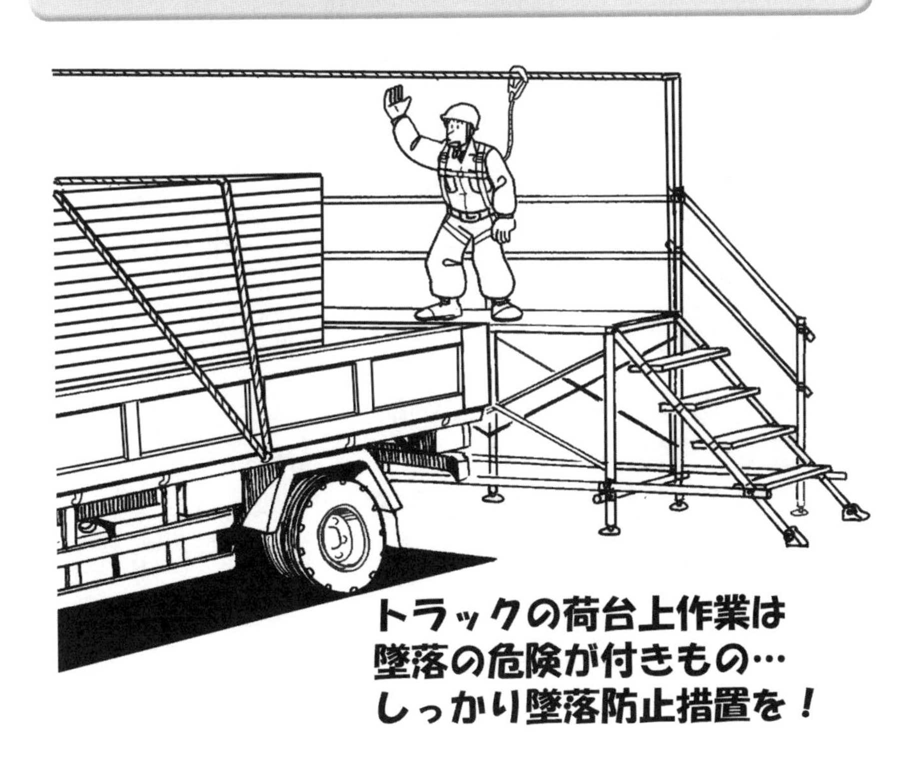

## その11　足場板、デッキプレート等の鉄則

**足場板、デッキプレートなどには、重量制限があります。事前にそれを確かめることを忘れてはいけません。**

デッキプレートや足場板は
重量制限があります。
墜落や崩落事故が起こらないよう、事前に確認！

## その12　用途外使用厳禁の鉄則

**ローリングタワー間に作業床を架け渡すなど、用具の用途外使用は厳禁です。**

墜落リスクの高い用途外使用は厳禁！

## その13　解体作業の鉄則

解体作業では墜落の危険が常につきまといます。親綱を張るなどして、墜落制止用器具を使わなければなりません。

解体現場には常に墜落のリスクが…
墜落制止用器具等の確実な防止措置を！

## その14　つり足場の鉄則

**つり足場は崩落する可能性があることを肝に銘じ、つり足場上では、つり足場とは離した所に親綱などを設置し、そこに墜落制止用器具を掛けなければなりません。**

**つり足場は崩落する危険が大きい設備。**
**つり足場の支点とは別の支点で親綱を張る**

## その15　法面・斜面の鉄則

**法面・斜面は、足元が斜めで不安定で、そこで作業をすれば転落しやすいのです。メインロープとライフライン。2本の親綱を張り、それぞれにロリップを掛けなければなりません。**

**法面・斜面では転落のリスクが大！**
**専用の転落防止器具を使用する。**

## その16　フォークリフトの鉄則（作業床ではない）

**フォークリフトを足場にしてはいけません。足場を組み立てるか、高所作業車、ローリングタワーなどを用意します。**

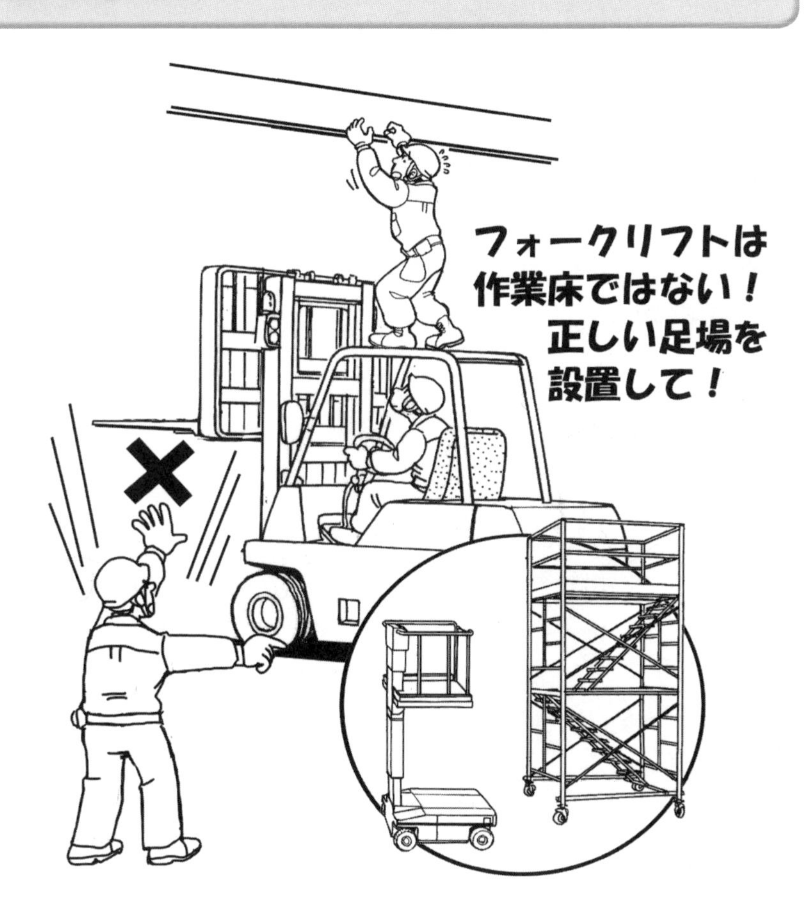

## その17　立坑の鉄則

**立坑などで開口部を塞ぐ作業は、塞ぐ資材を持つと、身体の重心が開口部側に移り、墜落リスクが一気に高まります。墜落制止用器具を使用しなければなりません。**

# 安衛法令改正！

平成31年2月、安全帯が「墜落制止用器具」に変わりました。

## 法令改正のポイント

### 1 安全帯を「墜落制止用器具」に名称変更

| | 安全帯 | | 墜落制止用器具 |
|---|---|---|---|
| ① | 胴ベルト型（一本つり） | ○→ | 胴ベルト型（一本つり） |
| ② | 胴ベルト型（U字つり） | ×→ | × |
| ③ | ハーネス型（一本つり） | ○→ | ハーネス型（一本つり） |

②には墜落を制止する機能がないことから、改正後は①と③のみが「墜落制止用器具」として認められることになります。

※「墜落制止用器具」には、従来の安全帯に含まれていたワークポジショニング用器具であるU字つり用胴ベルトは含まれません。なお、法令用語としては「墜落制止用器具」となりますが、建設現場等において従来からの呼称である「安全帯」「胴ベルト」「ハーネス型安全帯」といった用語を使用することは差し支えありません。

### 2 墜落制止用器具は「フルハーネス型」を使用することが原則となる

① 高さが6.75ｍを越える箇所では、フルハーネス型を必ず使用

② 使用可能な最大重量に耐える器具を選ぶ
体重90kgの作業員は、85kg用ではなく、100kg用を使用

③ ショックアブソーバーはフックの位置によって適切に選ぶ
腰の高さより低いところにフックを掛ける場合は第二種ショックアブソーバーを使用する（腰の高さより高い場合は第一種を使用する）

### 3「安全衛生特別教育」が必要

高さ２ｍ以上で、フルハーネス型のものを使用する場合

17の鉄則

# 墜落災害 建築工事

## 足場上作業中（13人）

**事例** ＲＣ造３階建新築工事での屋上部の排水溝のモルタル補修作業。外部足場最上層（７層目）で、安全帯を使用せず、外側の筋かいの一部を取り外し、ウインチを用いてモルタルが入ったバケツを巻き上げ中、約13m下に墜落した。

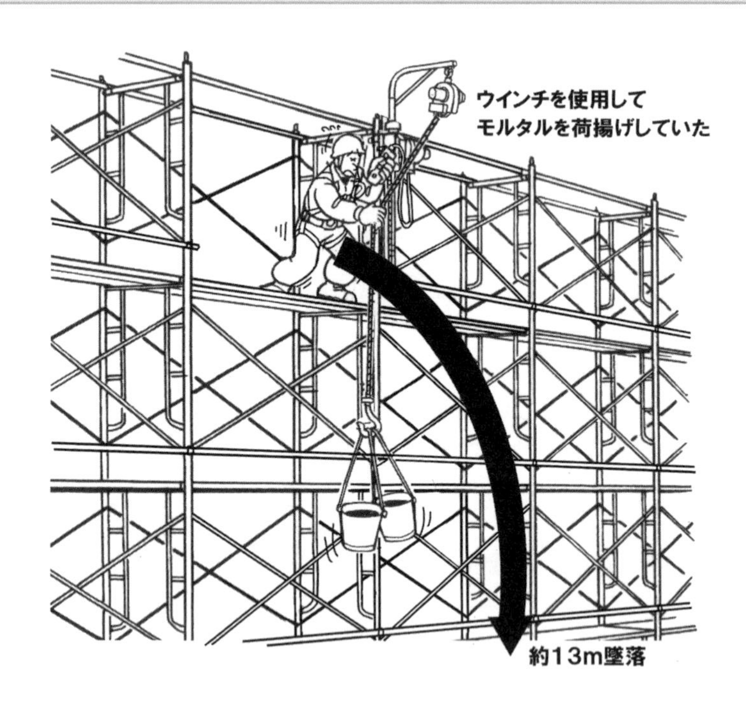


### ヒューマンエラー対策

モルタルが入っていればかなりの重さになります。足場の外側にあるバケツを手に持った瞬間、バケツを持った身体の重心は一気に足場の外側に移ります。この瞬間、墜落の危険が大いに出てきます。墜落制止用器具（安全帯）の使用に尽きます。

注）各イラストは、枠内に示した限られた文字情報をもとに発生状況をイメージしたものです。
実際の状況とは異なることに留意願います。
また、平成29年の災害事例のため、枠内は安全帯と表記しています。

**事例** ＲＣ造２階建住宅新築工事で型枠組立て作業。外壁せき板位置を調整するため一側ブラケット足場（高さ約６ｍ）を移動中、足場上に伸びたせき板固定用桟木をくぐった際、手すり下の隙間から足場外側に墜落した。

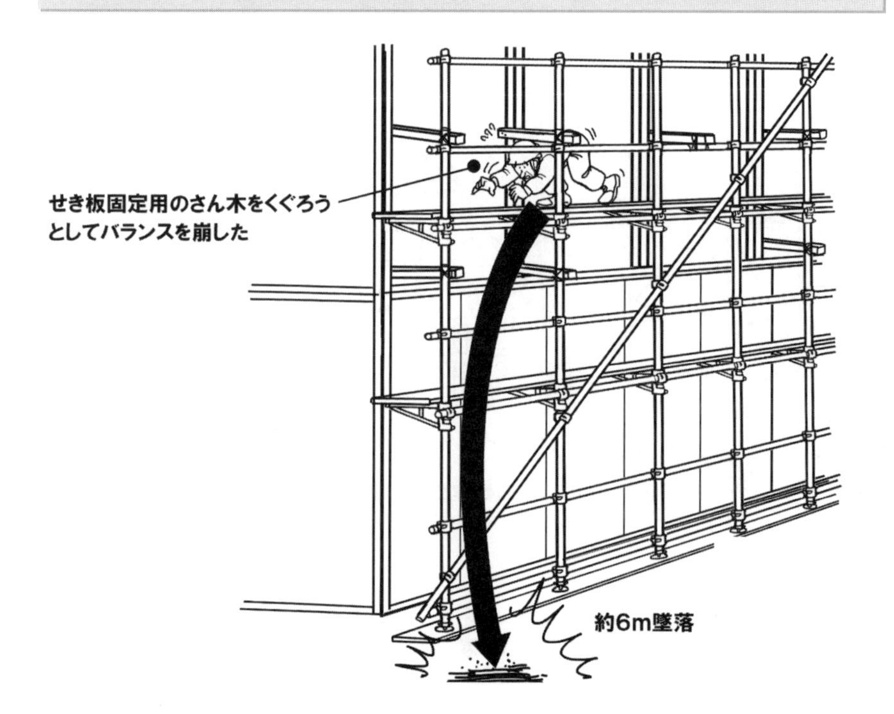


## ヒューマンエラー対策

足場上に伸びた桟木をくぐった時、何らかの理由でバランスを崩し、手すり下の隙間から墜落。足場材をしっかり組み立てても、それだけでは墜落リスクは残っています。墜落防止ネットを張らなければなりません。

墜落災害（建築工事）

**事例** 石綿除去工事のための養生設備を解体中、屋上ペントハウスと外部足場をつなぐ単管（直径５cm）を渡り、屋上ペントハウスから2.3m離れた外部足場へ移動中、バランスを崩し約20m墜落した。

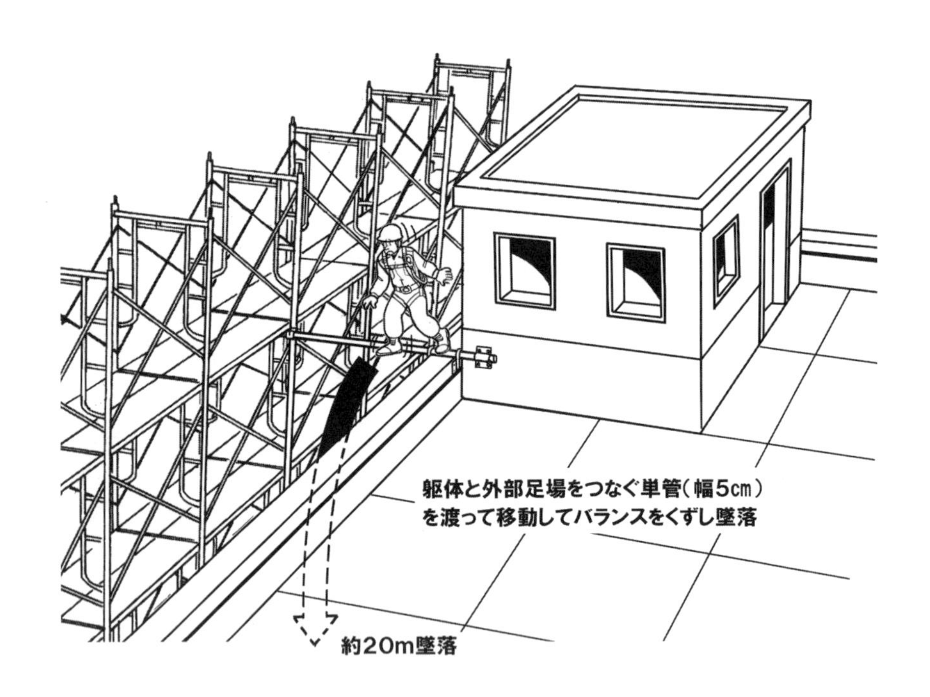


## ヒューマンエラー対策

わずか直径5cmの単管パイプ上を移動して墜落。移動距離は2.3m。高さは20m。実態は十分に把握できていませんが、あり得ない不安全行動ではありませんか。

**事例** ビル外壁補修工事で外壁シーリング作業中、足場上（高さ約25m）から足場外周に張られたメッシュシートを突き破って墜落した。

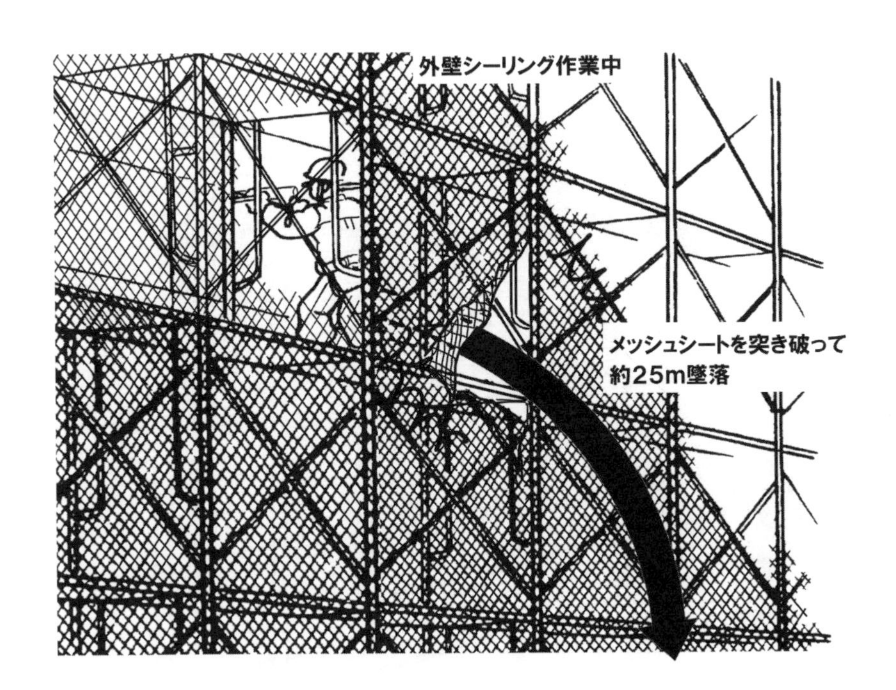


## ヒューマンエラー対策

高さ約25mからの墜落。なぜメッシュシートを突き破ってしまったのか。足場の状態はよく分かりませんが、紐の結びを忘れていたり、亀裂などの不具合があったりなど、メッシュシートに問題があったのかもしれません。足場の点検は欠かせません。

**事例** ２階建住宅の外壁塗装工事。足場の作業床（下から２層目、高さ約４ｍ）上でシャッターの塗装作業中、墜落した。

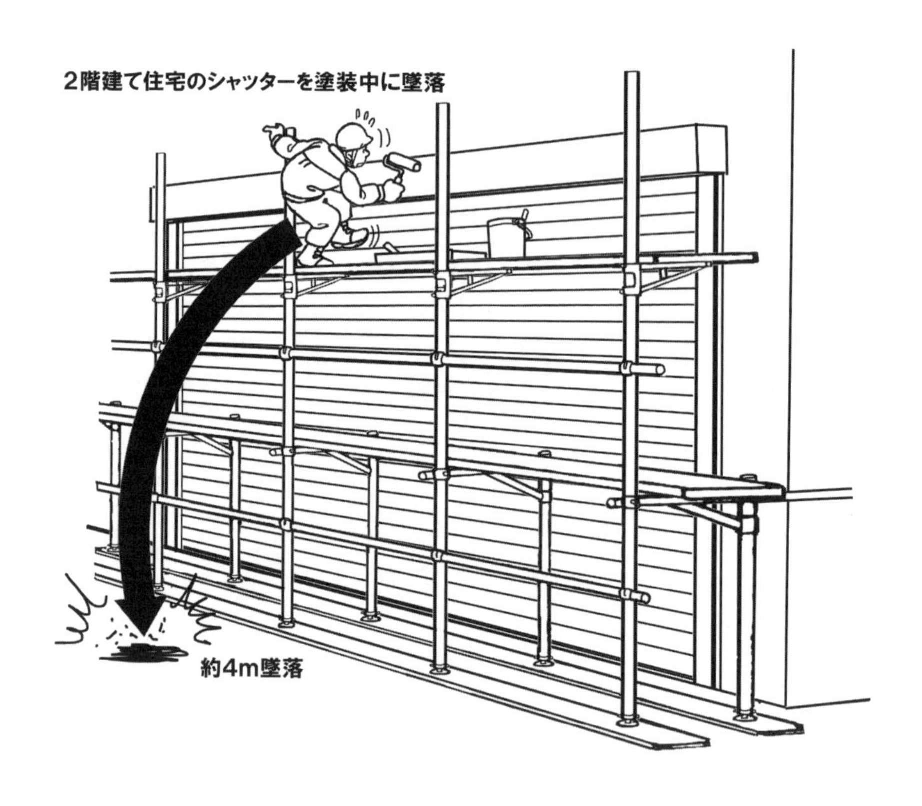


## ヒューマンエラー対策

塗装作業に集中すれば、忍び寄る墜落の危険に気づかなかったり、気づくのに遅れることは十分にあります。なぜ、墜落制止用器具（安全帯）を使用しないのでしょうか。

**事例** 既存ステージ（高さ４m）から壁補修用足場３層目（高さ約4.2m）に移動する際、スクレーパコンベアー内に墜落し、巻き込まれた。既存ステージ及び足場には手すり、中さんがあり、足場への移動には、手すりを乗り越える必要があった。足場には約12m先に昇降設備あり。

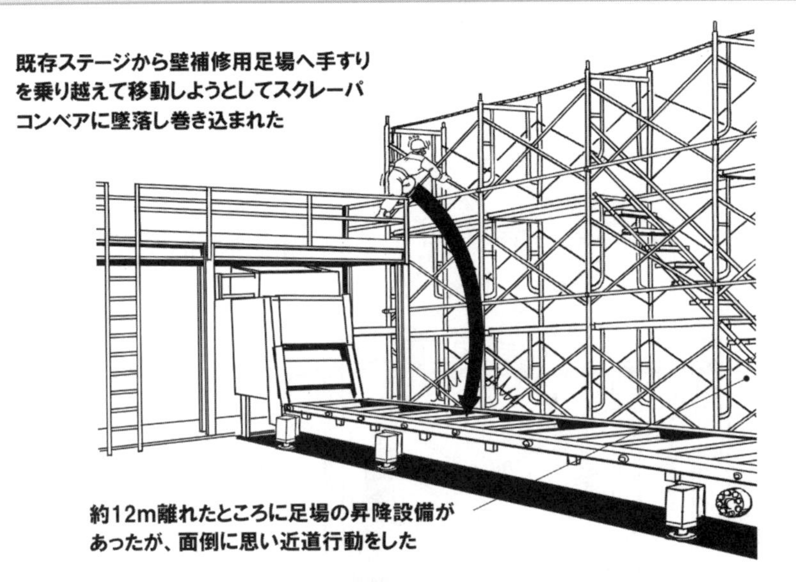


## ヒューマンエラー対策

作業員が約12m先の昇降設備を使うことを「面倒だ」と感じれば、それが使われなくなってしまいます。高さ４mであっても、墜落の危険を顧みず、手すりを乗り越える近道行動が起こってしまいます。日頃から作業員にこのような近道行動をしないように教育するとともに、作業員が「面倒だ」「遠回りだ」という気持ちにならないように、計画段階で遠回りにならないような昇降設備を配置することも重要です。

## 足場組立て中（7人）

**事例** 高さ約18mの所で足場組立て作業。重さ18kgの調整枠2本を肩に担いで足場移動中、足場上に置いてあったブラケットに調整枠の一部が接触し、その反動でバランスを崩し墜落した。被災者は安全帯を装着していたが、使用していなかった。

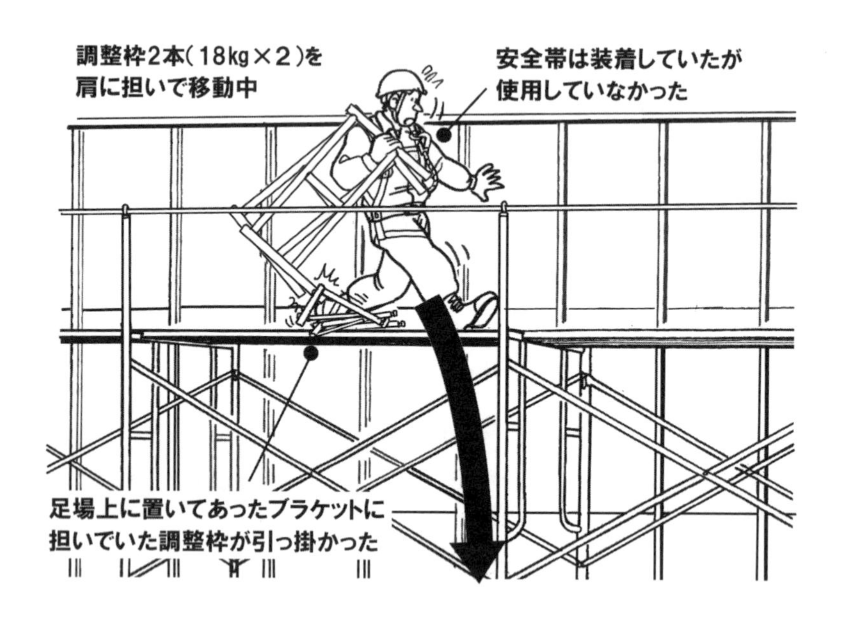


### ヒューマンエラー対策

足場組立て中は、足場上は作業通路だけでなく資材置き場にもなります。このような接触もあれば、つまずくことも十分あり得ます。墜落制止用器具（安全帯）の使用は必須です。

**事例** ビル外壁等改修工事。外部足場６層目（高さ11m）の外面に朝顔（落下防護柵）の取付け作業。骨組みの単管材を「くの字」状に組み、これを足場建地に取り付けた後、張出し材に足場板を敷並べ中、「くの字」先端を固定するクランプ材が外れ、足場上の作業員２名が、足場板とともに墜落した。

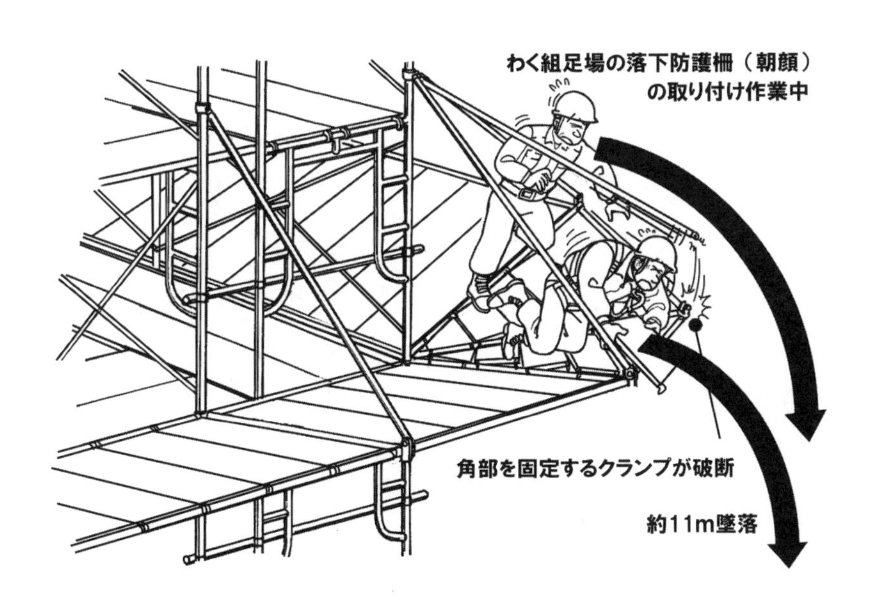




## ヒューマンエラー対策

骨組材は、いつも完璧でしょうか？　そうではないですよね。だから、墜落制止用器具（安全帯）の使用は必須なんです。

## 足場解体中（3人）

**事例** 単管ブラケット足場解体作業中、4層目（高さ約7m）から3層目（約5m）に建地を伝って降りようとしたところ、足を滑らせ墜落した。

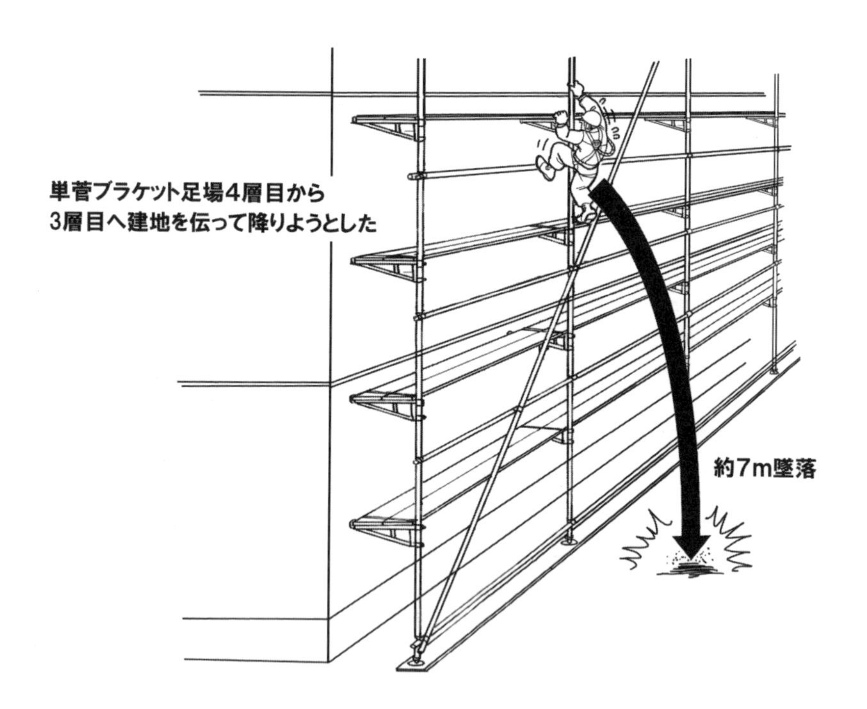


### ヒューマンエラー対策

まさに近道行動です。高さ7mとかなりの高所でも、このようなことが起こってしまいます。それも過去に繰り返し起こっています。過去に死亡災害が繰り返し発生していることを頭に入れ、「このようなことは起こり得るんだ」という気持ちを持たなければなりません。

**事例** 11階建マンションの大規模修繕工事。外壁わく組足場の解体作業中、被災者は筋かい、下さんが取り外された足場上（10段目、高さ約16m）から墜落した。

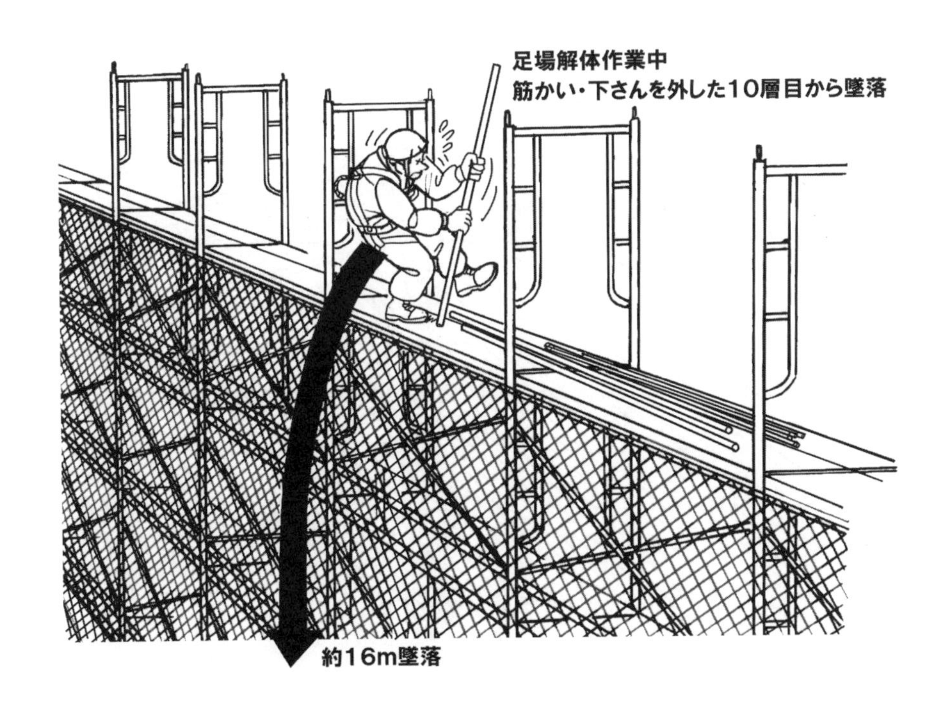


## ヒューマンエラー対策

足場解体作業は、足場部材を次から次へと取り外し、安全状態から危険な状態に瞬時に変わります。どうして墜落制止用器具（安全帯）を使用しないのでしょうか。安全設備がない状態では、墜落制止用器具（安全帯）は最初で最後の砦なのです。

## 屋根（スレート、４人）

**事例** 工場のスレート屋根補修作業。休憩を終えて作業場所に移動中、スレートを踏み抜いて約４m下に墜落した。

### ヒューマンエラー対策

老朽化しているスレート屋根は、どこが踏み抜きの危険があるのかまったく分かりません。薄い氷のように、突然、割れてしまいます。屋根上に歩み板を敷き、そこを歩かないといけません。

**事例** 倉庫の屋根上で、スレート板を母屋材に留めるフックボルト交換作業。屋根の棟付近のフックボルトをサンダーで切断中、スレートを踏み抜き、約８ｍの高さから墜落した。

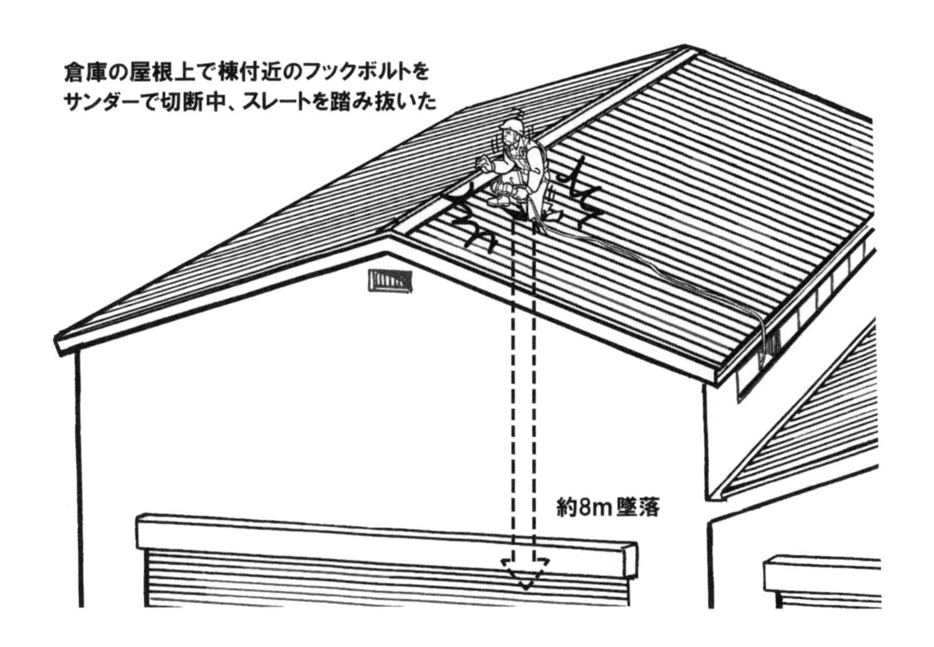


## ヒューマンエラー対策

屋根の上にいると、そこが約８ｍの高さでも、墜落すると死亡災害につながる危険な場所であるという怖さを十分に感じられません。そこで、突然、スレートが割れ、墜落が発生してしまいます。墜落防止措置は不可欠です。

## 屋根（明かり取り部、3人）

**事例** 老朽化したスレート屋根上に鋼板張り作業。鋼板をほぼ張り終えたところで、明かり取り用の塩化ビニル板を踏み抜き、高さ約5mから墜落した。

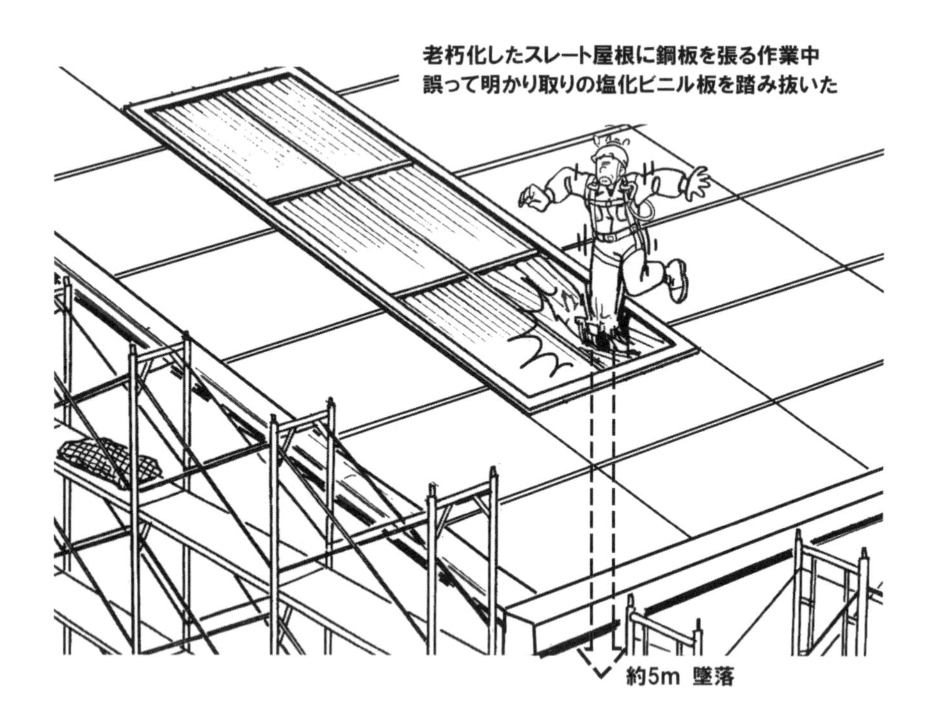


### ヒューマンエラー対策

明かり取り部の踏み抜きは後を絶ちません。明かり取り部は開口部です。開口部養生を設置する必要があります。

**事例** プール棟屋上の採光用ガラス（厚さ6.8mm）のシール部補修作業中、ガラスを踏み抜き約９ｍ下の屋内プールに墜落した。屋上には安全帯取付設備として単管が格子状（上下左右1.8m間隔）に設置されていたが、装着していた安全帯を使用していなかった。

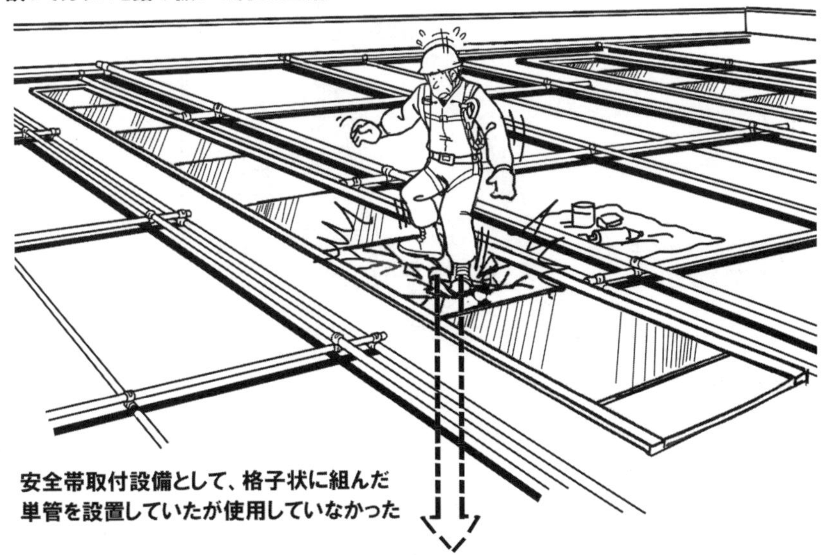


## ヒューマンエラー対策

せっかく墜落制止用器具（安全帯）の取付設備が設置されていたにも関わらず、墜落制止用器具（安全帯）を使用せずに墜落したものです。上下左右1.8m間隔での設置はきめ細やかですが、それに加え、現場では、墜落制止用器具（安全帯）が使用されているかどうか、作業中の監視が必要です。

## 脚立（5人）

**事例** 車販売店の内装改装工事。天井塗装のため、脚立を使って壁面養生シート取付け作業中、脚立の途中から床面に墜落し、大きな音とともに床面に頭を打ち付けた状態で発見された。

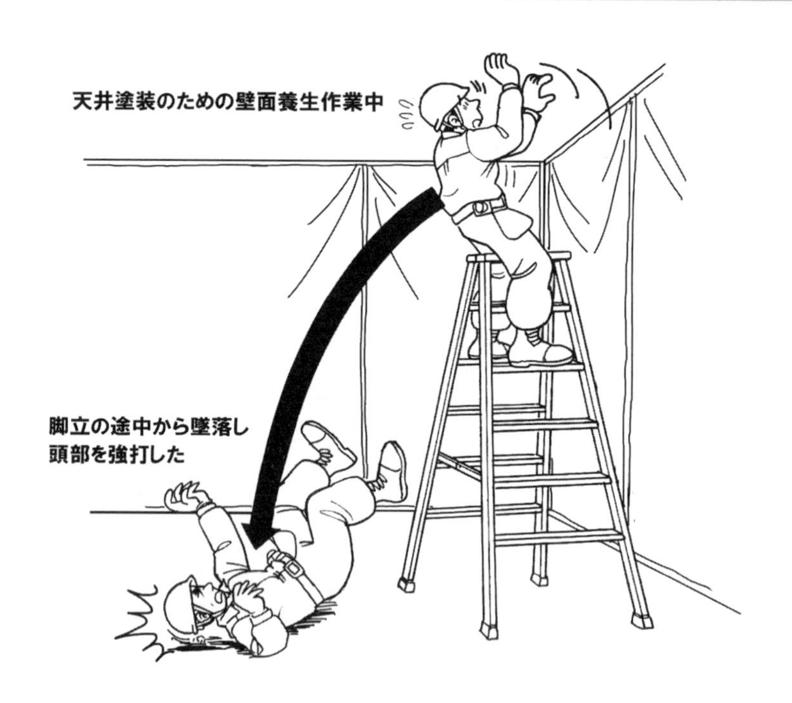


### ヒューマンエラー対策

脚立は、身近な用具ですが、毎年、死亡災害が繰り返し発生しています。平成29年は、建築工事で５人、土木工事でも１人が亡くなりました。脚立はとても危険なものなのです。この死亡災害は、脚立の途中から墜落しましたが、踏みざんの上は、身体を揺らしながら作業をしていることを知らなければなりません。できれば脚立は使わないことです。

**事例** 脚立に昇ってビス止め作業中、脚立が倒れた際、被災者もバランスを崩し脚立から墜落した。

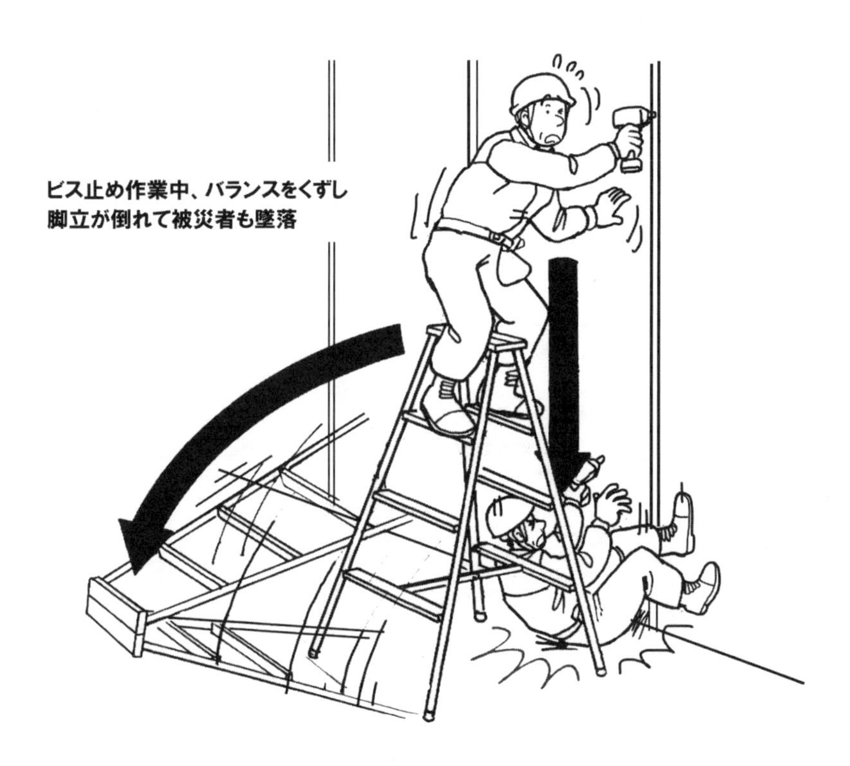


## ヒューマンエラー対策

脚立からの墜落は、脚立の転倒に伴い墜落すると、衝撃が増すことがあります。脚立を使うのであれば、正しい使い方は必ず身につける必要があります。

## 鉄骨（3人）

**事例** ３階建の鉄骨建方作業中、下から２段目の鉄骨梁上から地上に約８ｍ墜落した。

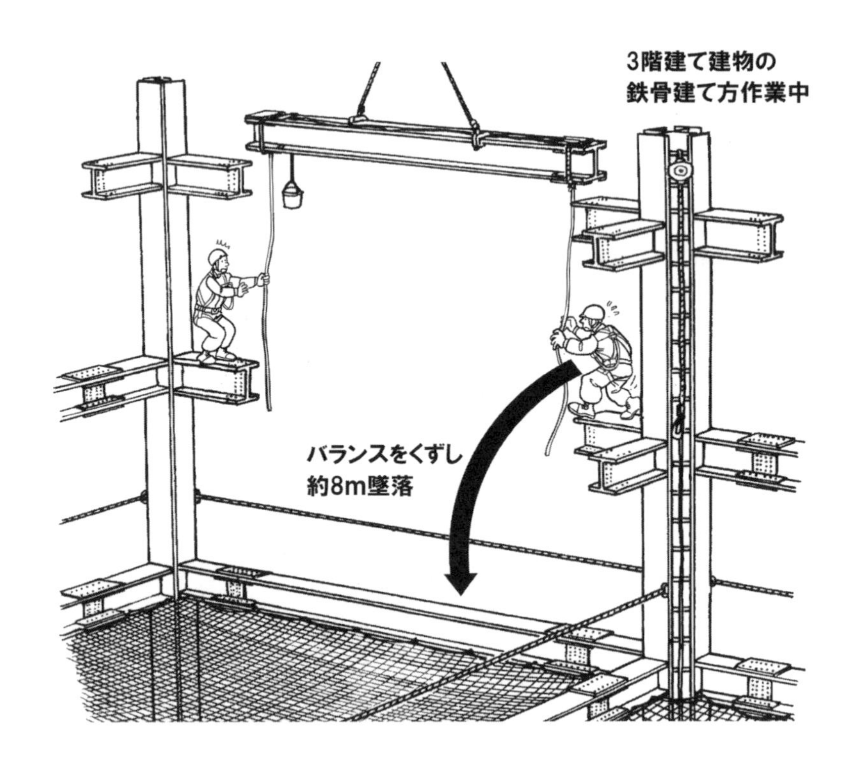


### ヒューマンエラー対策

鉄骨梁上からの墜落災害は、以前と比べれば減少していますが、未だ毎年繰り返し発生しています。鉄骨梁上では墜落制止用器具（安全帯）を使用しなければなりません。また、管理者は、常に墜落制止用器具（安全帯）が使用されているかチェックしなければなりません。

**事例** S造工場増築工事。組立て中の鉄骨柱が傾き、柱間に渡していた梁の上にいた被災者が約７mの高さから墜落した。被災者は安全帯を着用していたが、周りに親綱がなく使用していなかった。

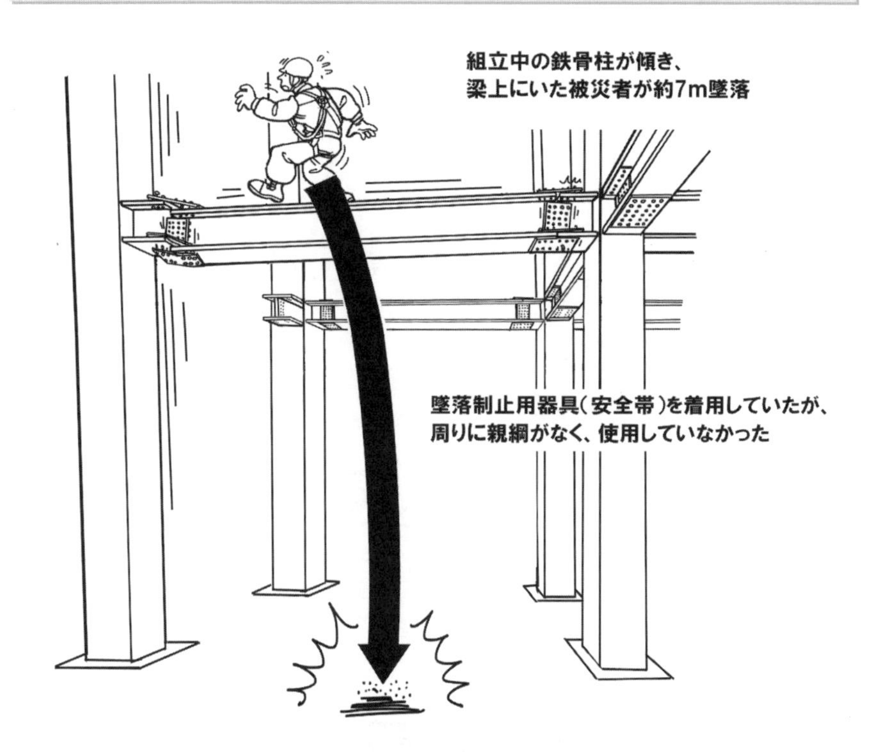


## ヒューマンエラー対策

被災者は、墜落制止用器具（安全帯）を着用していたものの、親綱がなく使用していませんでした。親綱が設置されており、そこに墜落制止用器具（安全帯）を掛けていれば、鉄骨柱が傾いても墜落しなくてすんだのに。「後悔先に立たず」です。

## 屋上（2人）

**事例** ＲＣ造５階建マンションの大規模修繕工事で屋上階スラブ面の防水シートの張り替え作業。両面テープが施された防水シートを腰をかがめて後ろ向きに張り替えていたところ、屋上端部に気づかずパラペットを乗り越え、約15m下の地上に墜落した。

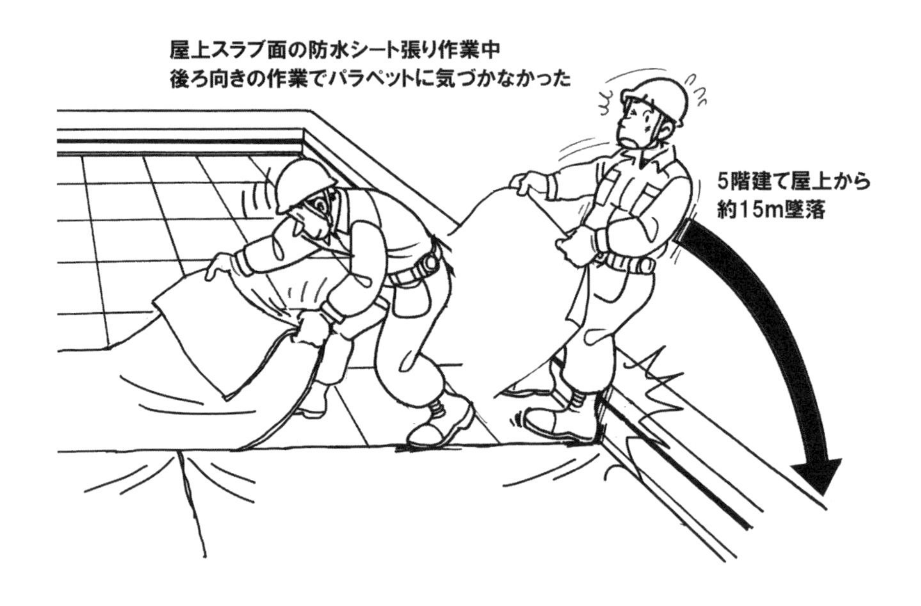


### ヒューマンエラー対策

屋上の防水作業では、防水屋さんが墜落する災害が後を絶ちません。あまりに多いです。墜落するほとんどのパターンは、ロールの防水シートを後方に下がりながら敷いていたところ、パラペットに気づかず、突然そこにぶつかり、乗り越えて墜落するものです。墜落防止措置を講じ撲滅しなければなりません。

**事例** 5階建鉄筋住宅の屋上で、作業員2名でテレビケーブル取替作業。被災者が新しいケーブル先端を持ち、後ろ向きで引っ張っていたところ、屋上端部から約15m下の地面まで墜落した。

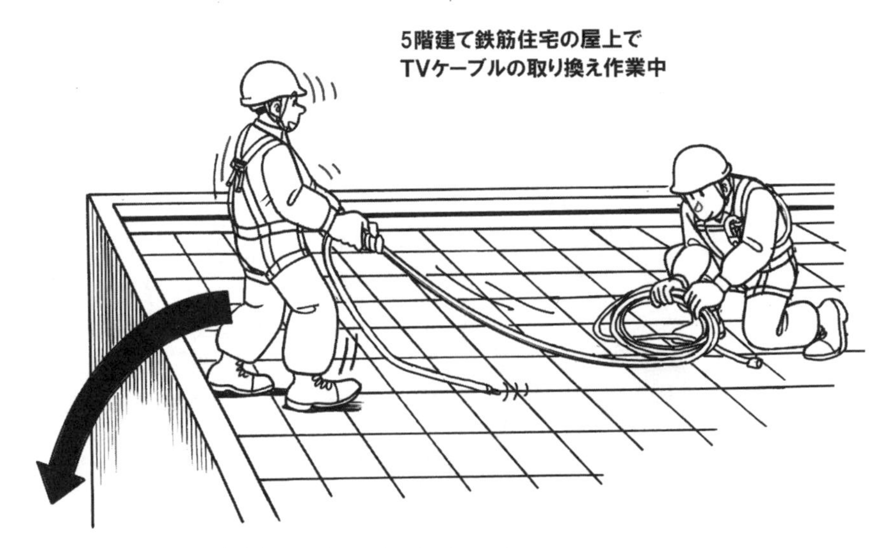


## ヒューマンエラー対策

人間の注意力は限界があります。ケーブル先端を持ちながら引っ張れば、思った通り引っ張ることができるかに注意力を向け、そこに意識を集中させます。そうなった途端、自分が屋上端部の墜落の危険がある所にいることを忘れてしまいます。墜落防止措置が必要なのです。

## トラック荷台（2人）

**事例** 解体現場から撤去した机や機材等を作業員５名で４ｔトラックに積込む作業。８時30分頃、トラック後方に仰向けに倒れている被災者が発見された。

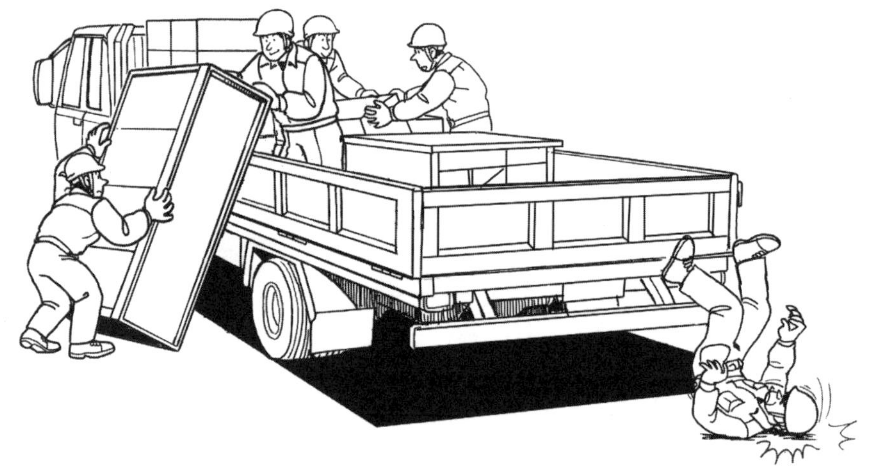


### ヒューマンエラー対策

毎年、トラック荷台から墜落する死亡災害は繰り返し発生しています。この事例のように、仰向けに倒れれば、それほど高い所でなくとも死亡災害に容易につながってしまいます。墜落防止措置が必要です。

**事例** 鉄骨建方作業。トラックからクレーンで鉄骨の荷下ろし中、７本のうち４本目を下ろすにあたり、トラック荷台の鉄骨に昇ったところ、その鉄骨が動いた反動で地面に墜落し、そこに鉄骨（0.8ｔ）が落下した。

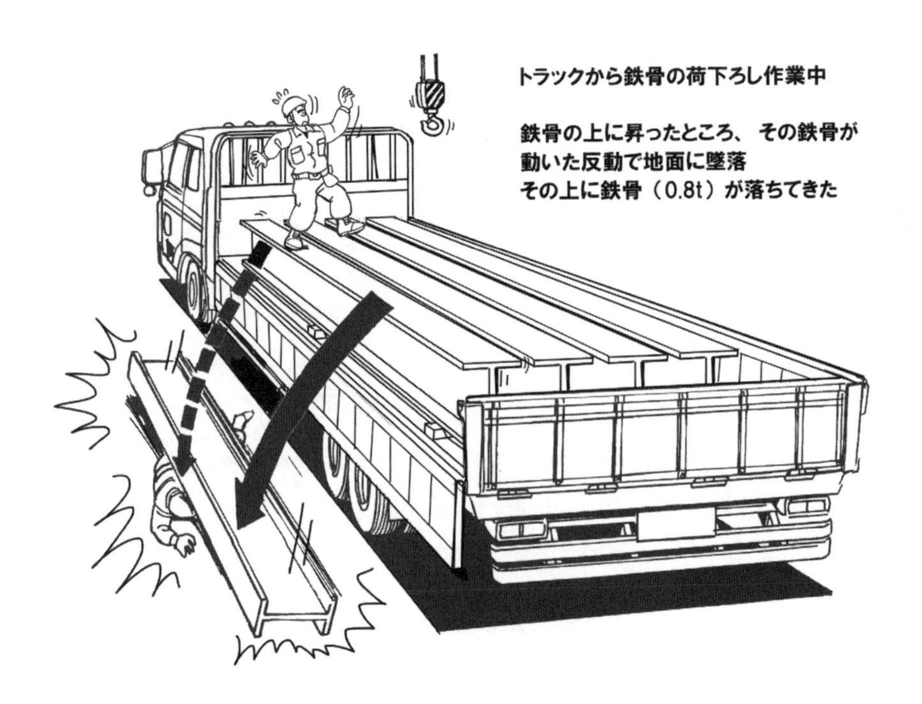




## ヒューマンエラー対策

トラック荷台からの墜落、特に、積荷の上は危険です。そこは作業床ではなく、常に不安定さがつきまといます。この事例のように、積荷は簡単に動いてしまいます。支柱を建てて親綱を張り、墜落制止用器具（安全帯）の使用が求められます。

## はしご（2人）

**事例** 自動車整備工場解体工事。高さ約５ｍにある水平材に腰掛け、庇に葺かれたスレートをハンマーで叩き割る作業を行っていた。昼休みで地上に降りようと梁に立て掛けられていたはしごに乗り移ったところ、はしごの上部が梁に固定されておらず、はしごが転倒し、コンクリートの地面に墜落した。

### ヒューマンエラー対策

はしごの墜落災害も後を絶ちません。はしごは正しい設置方法があります。特に、はしご上部を固定しなければなりません。

**事例** 2階建個人住宅の屋根塗装工事。被災者は1人で現場に入場し、壁にはしごを掛けて高さ約7mの破風（はふ。屋根の妻部分）部分を塗装中、はしご脚部の滑り止め代わりにしていた枕木が崩壊し、はしご脚部が滑動してバランスを崩し、はしごとともに墜落した。ヘルメットは未着用。

## ヒューマンエラー対策

はしご脚部の滑り止めの枕木が崩壊し、はしご脚部が滑動して墜落した災害です。はしごを壁に立て掛け、そこに昇っての作業は、はしご上部を固定することができず、行ってはいけません。容易に転倒してしまいます。

## 開口部（2人）

**事例** 2階建アパートの外装工事中の作業員が、2階北側の囲い等の墜落防止措置がない開口部（約1.4m×1.4m）の端で壁パネル調整中、その開口部から3m下の地上に墜落した。

### ヒューマンエラー対策

作業開始前、作業員は、間違いなくそこに開口部があることを分かっています。しかし、作業を始め、作業に集中すると、その開口部のことを忘れてしまいます。集中とはそういうものなのです。開口部養生は必須です。

**事例** 既設建屋の外壁塗装作業。建屋ピロティの開口部より深さ約４ｍの地下ピット（水深３ｍ）に墜落し溺れた。被災者は当日の作業終了後、帰り際に忘れ物を取りに現場に戻る様子が目撃されているが、災害発生時の状況は不明。

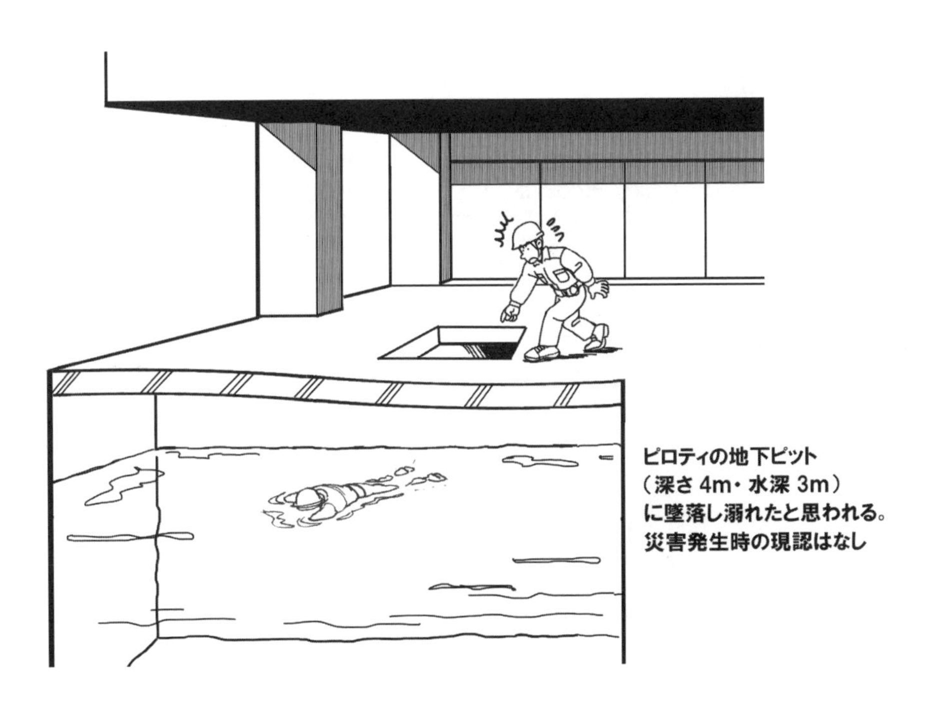




## ヒューマンエラー対策

作業終了後に発生した痛ましい死亡災害です。なぜ墜落したのかよく分かりません。慌てていたのでしょうか。

## デッキプレート（3人）

**事例** 高所作業車に３人搭乗し、仮設デッキプレートで覆われたエレベーター開口部に接近して作業中、その仮設デッキプレートに乗ったため、デッキプレートが崩壊し、約36m下の地下３階に墜落し３人とも亡くなった。

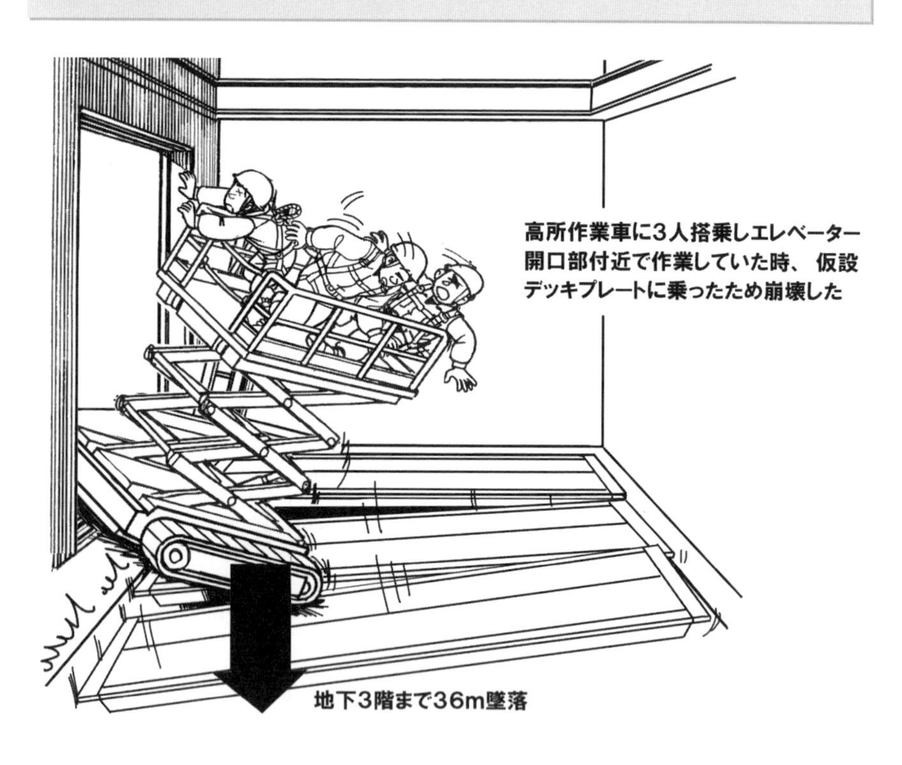


### ヒューマンエラー対策

３人乗りの高所作業車が仮設デッキプレートの上に乗ったため、デッキプレートが崩壊し、３人が墜落し亡くなった事例です。墜落高さは約36mとひとたまりもありません。作業計画ではこのリスクが組み込まれていたのでしょうか。

## ゴンドラ（1人）

**事例** ＲＣ造13階建マンションの外壁（タイル）補修工事。5階屋上に設置されたゴンドラに乗り込もうと、パラペットに足を掛けて手すり（高さ約1.2m）を乗り越えようとしたところ、バランスを崩し高さ約13mから墜落した。

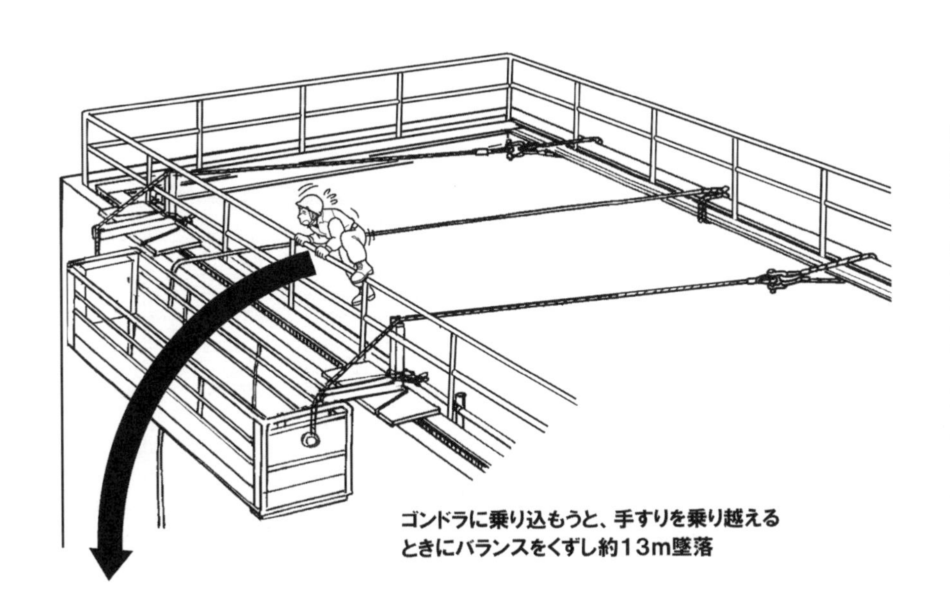

ゴンドラに乗り込もうと、手すりを乗り越えるときにバランスをくずし約13m墜落

### ヒューマンエラー対策

屋上からゴンドラのほか、屋上から足場、屋根から足場など、乗り移り時の墜落災害も数多く見受けられます。1.2mの手すりを乗り越える危険の大きさを考える必要があります。ゴンドラに乗り込む前には、必ず墜落制止用器具（安全帯）を使用しなければなりません。

## ローリングタワー（1人）

**事例** 被災者は建屋内部に設置した８つのローリングタワーのうち、２つのローリングタワーの間に３枚の鋼製の作業床を架け渡して作業床を敷き詰める作業中、高さ約５ｍの作業場所から墜落した。安全帯は着用していなかった。

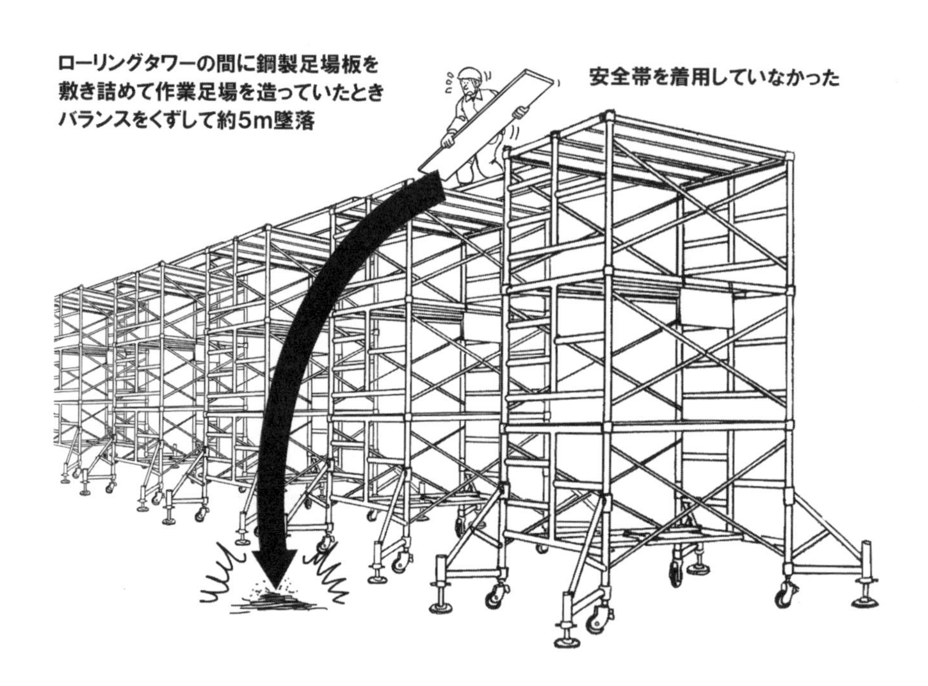


### ヒューマンエラー対策

正確に状況を理解できませんが、移動式足場のローリングタワーを２つ並べ、その間に作業床を架け渡して足場を造るのは禁止事項です。ローリングタワーはあくまでも移動式の足場です。

## 解体作業中の墜落（2人）

**事例** S造5階建雑居ビル解体工事。解体用機械（鉄骨切断機）を使って5階天井部分から解体作業中、鉄骨ガス溶断作業をしていた被災者ががれきの上に墜落した。

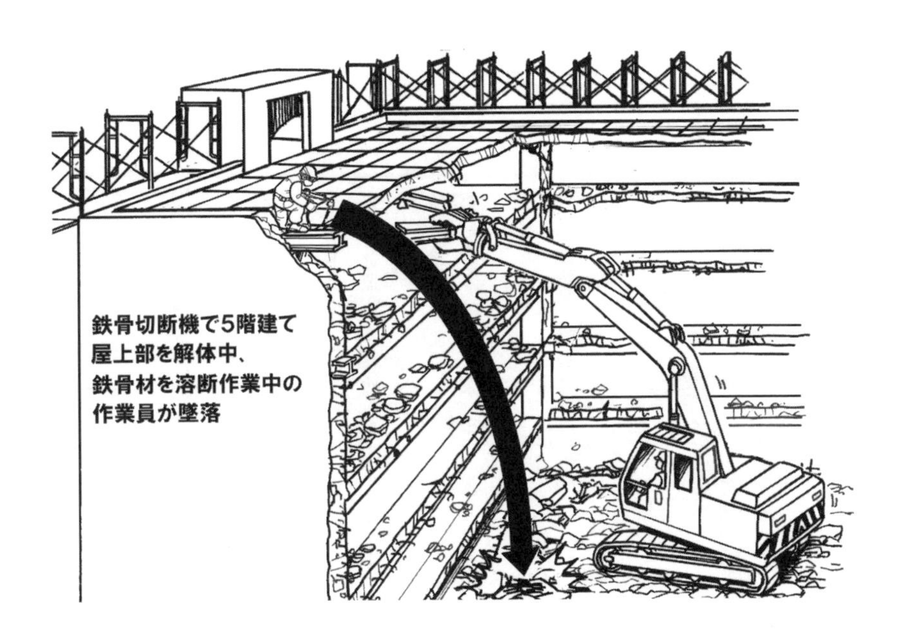


### ヒューマンエラー対策

解体工事では、墜落防止対策が不十分なケースが数多く見受けられますが、それではいけません。親綱の設置、墜落制止用器具（安全帯）の使用が必須です。

# 墜落災害 土木工事

## 橋梁上部工（つり足場等、8人）

**事例** 橋梁補修工事に伴い、設置されたつり足場の解体作業中、足場用つりチェーンのクランプが外れ足場板が傾いた時に足場上から約33m下の地面に墜落した。

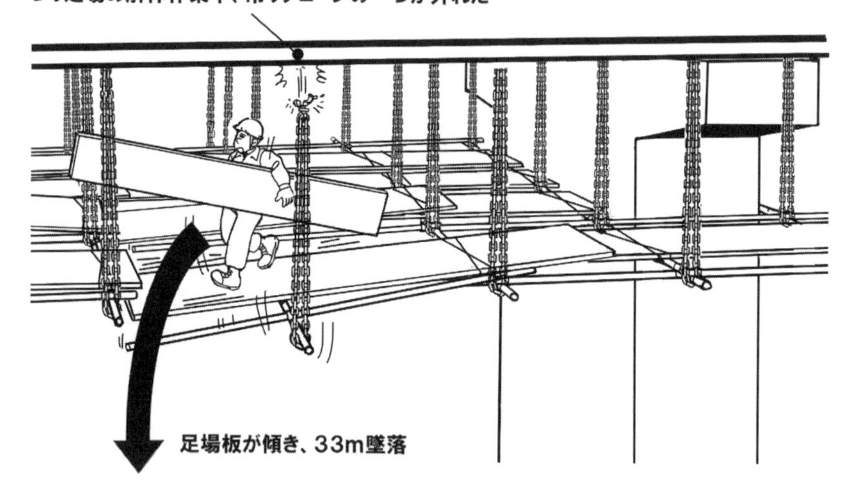


### ヒューマンエラー対策

つり足場からの墜落死亡災害が多発しています。土木工事の墜落死亡災害で最も多発しています。つり足場解体中に、足場板が傾いても大丈夫な墜落防止措置、すなわち、つり足場につながっていない所に親綱を張り、そこに墜落制止用器具を掛けるようにしなければなりません。

**事例** 道路高架下に設置してあるつり足場の解体。足場上で足場板を高所作業車の作業員へ手渡す作業中、固定されていない足場板に乗ったところ、足場板がころばしに掛かっていなかったため、足場板ごと約６ｍ下の川に墜落した。

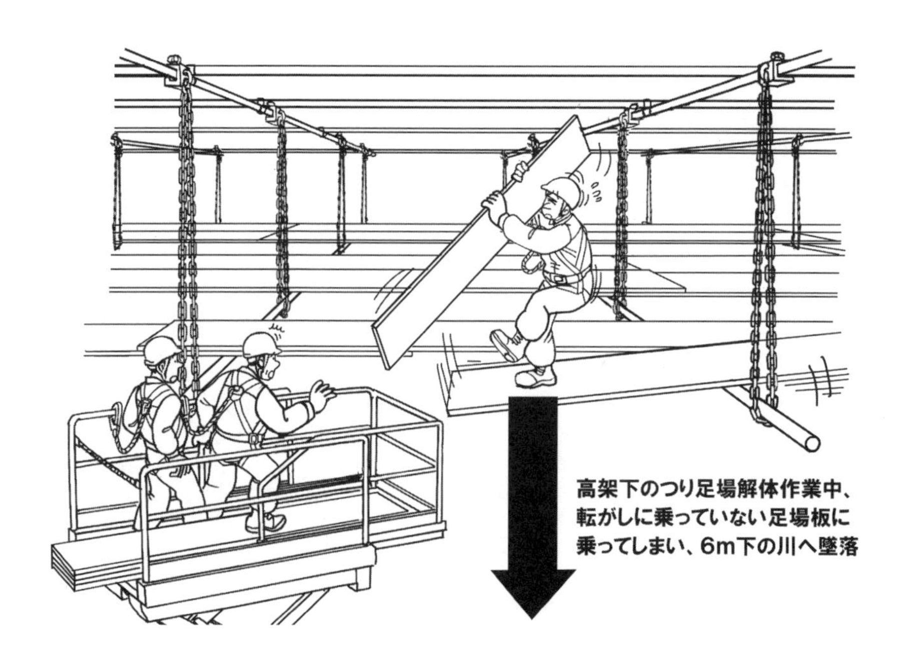


## ヒューマンエラー対策

前の事例と同様に、つり足場の一部崩壊とともに、その上で作業中の作業員も墜落したものです。これではいけません。「つり足場はいつ崩壊してもおかしくない」と、たとえつり足場が崩壊しても作業員が墜落しないようにしなければなりません。

## 法面・斜面（4人）

**事例** 老朽化した用水路を取り壊して、新たな用水路の設置工事。用水路の法面を仕上げるため、凹凸箇所を均す法面整形作業中、被災者は、用水路に背を向け、その縁にしゃがんだ姿勢で作業していたが次の作業に取りかかるため立ち上がった拍子に、突然、仰向けで、深さ１mの用水路の底へ墜落し、後頭部を強打した。

### ヒューマンエラー対策

わずか１mの深さでも、後頭部を打てば、死亡災害につながってしまいます。作業員にとって安全上最も大事なのは、足元、足場作業床です。そこが不安定であると、たちまち墜落・転落リスクが高まります。足元が斜めになっている法面は、墜落リスクを過小評価してはいけません。

**事例** 川床から高さ約3.5mまで勾配65度（護岸下部）、その上から高さ2.7mの最上部まで勾配35度（護岸上部）に整形された河川の護岸工事で護岸上部に芝を張る作業に従事していた被災者が、傾斜地での足掛かりとするための設備を設置しようとしていたところ、川床まで墜落した。

## ヒューマンエラー対策

護岸上部からはかなりの高さになり、墜落防止措置が必要です。足場の設置が難しければ、ロープ高所作業でのメインロープとライフラインを設置し、そこに作業員が装着したロリップを掛けなければなりません。

## 現場移動中の墜落（2人）

**事例** 道路舗装工事現場において、雑草処理のために路肩部分の転落防止柵を乗り越えたところ、バランスを崩して約３ｍ下にある水深2.5mの調水池に転落した。（溺死）

### ヒューマンエラー対策

土木の現場では、現場への移動中に墜落するケースが数多く見受けられます。雑草処理のため、路肩部分の転落防止柵を乗り越えた際、バランスを崩し、３ｍ下の調水池に墜落したものです。転落防止柵を乗り越えることのリスクを考慮しなければなりません。

**事例** 元方職員がクレーン警報音のスイッチの場所が分からず、別の場所にいた被災者に携帯電話で連絡をとっている途中、突然、会話が途絶えたため、被災者を捜したところ、深さ5.5mの立坑内に倒れていた。

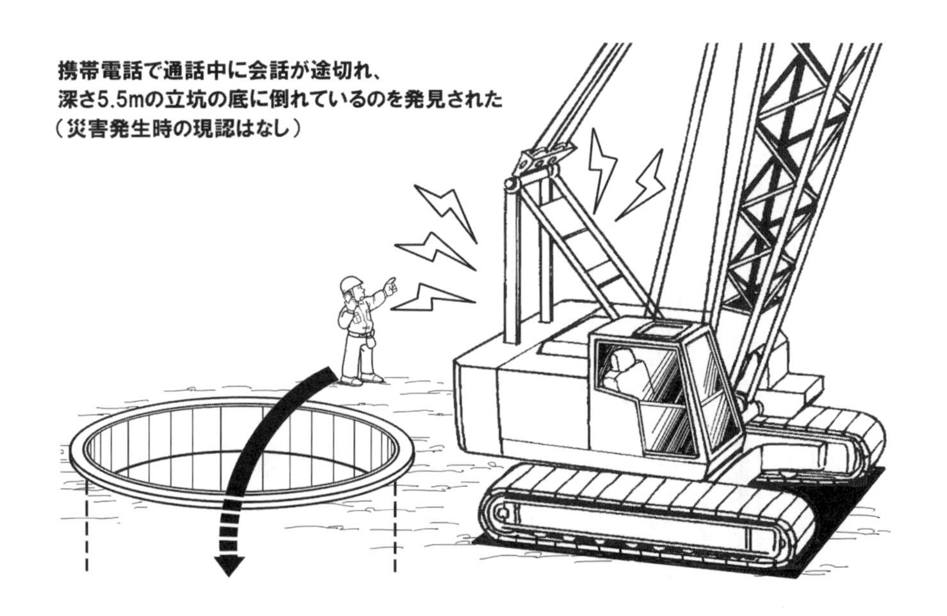


## ヒューマンエラー対策

おそらく携帯電話中に立坑に墜落したのではないかと考えられます。墜落した状況は分かりませんが、携帯をかければ、聴覚は受話器の声に集中し、視覚はクレーン警報音のスイッチを探すことに集中し、おのずと足元には注意が払えなくなります。そこに大きな危険が生まれます。

## フォークリフトからの墜落（1人）

**事例** 屋外に取り付けられた外灯の電球交換中、被災者はフォークリフトのヘッドガードの上で事業主に新品の電球を渡した。その後、「ドン」という音に気づいた事業主がフォークリフト後方で倒れている被災者を発見した。

### ヒューマンエラー対策

フォークリフトを足場代わりに使用して墜落したものです。ヘッドガードのような不安定な所に立って作業をすることがいかに危険であるか学ばなければなりません。電球交換作業に集中すれば、間違いなく足元に注意は払えなくなります。

## 立坑からの墜落（1人）

**事例** ずい道の立坑（深さ約40m）に、7.2mの高さごと４段にステージを設置し、グレーチングを敷いていたが、掘削設備等の搬出のため、各段のグレーチングを一部外し、開口部を設けた。設備搬出後、当該開口部を順に塞ぐ作業中、下から２段目のステージで、被災者が墜落した。（墜落高さ14.4m）

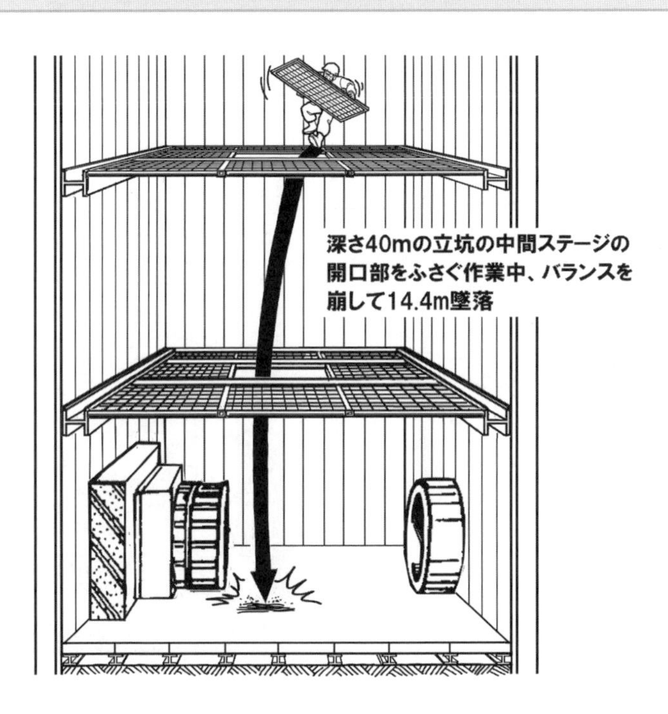


### ヒューマンエラー対策

開口部を塞ぐ作業中に、その開口部から墜落したものです。このような墜落も少なくありません。グレーチングのような重量物を敷く際は、容易に足元がふらつきます。親綱などを設置し、墜落制止用器具（安全帯）を使わなければなりません。

## 重機等にひかれる・はさまれる（土木28人、建築8人）

**事例** 0.02㎥のバックホウを用いて深礎工立坑内の掘削作業。被災者がバックホウを後進させたところ、バックホウの走行レバーと切梁の間に身体をはさまれた。走行レバーを倒す体勢ではさまれたため、バックホウは後進を続ける状態となった。

### ヒューマンエラー対策

立坑内でバックホウ使用時、バックホウと切梁にはさまれたものです。0.02㎥の小型バックホウでも死亡災害を引き起こすことは十分可能です。このケースのように、機械は、人をはさんでも動きを止めないことが少なくありません。

# 発生する死亡災害を見ていきます

**事例** 護岸改良工事で川底の土砂をスコップでバックホウのバケットに投入する作業。オペレーターがバックホウを右旋回させたため、バケットと切梁の間に胸部をはさまれた。

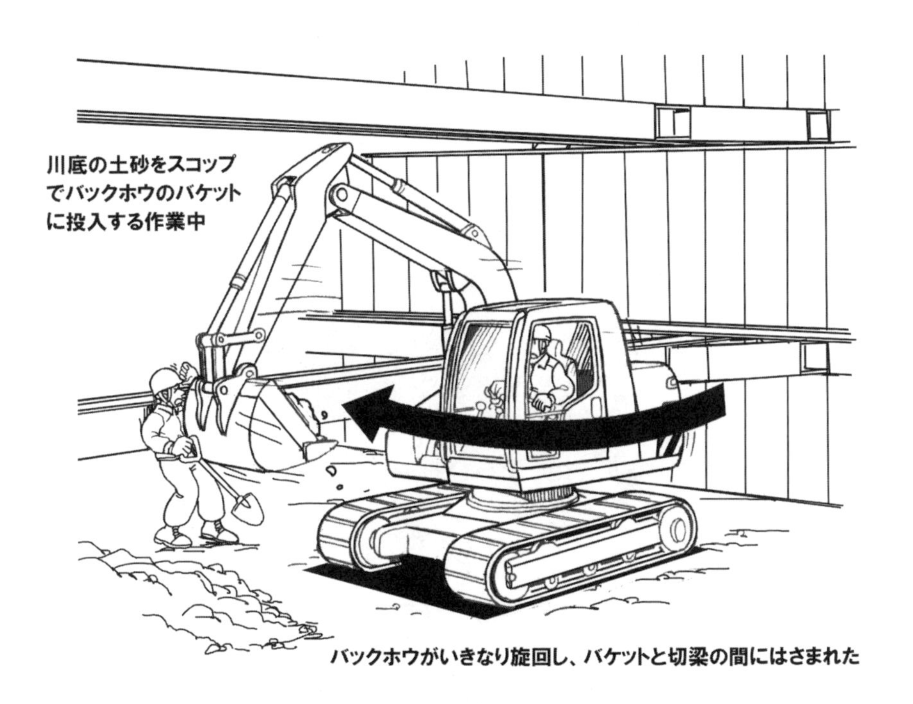


## ヒューマンエラー対策

バックホウの右旋回は、アームで死角ができやすく、特に危険です。作業半径内をバリケードで囲うとともに、その中に人が立ち入らないよう重機誘導員を配置することなどが求められます。

**事例** $0.1m^3$のバックホウを4tトラックに積込む作業。道板を使用せず、バケットを地面に接地させアームの力で荷台に積み込もうとしたところ、バックホウのクローラがトラック荷台から外れ転倒し、被災者はアームの下敷きとなった。

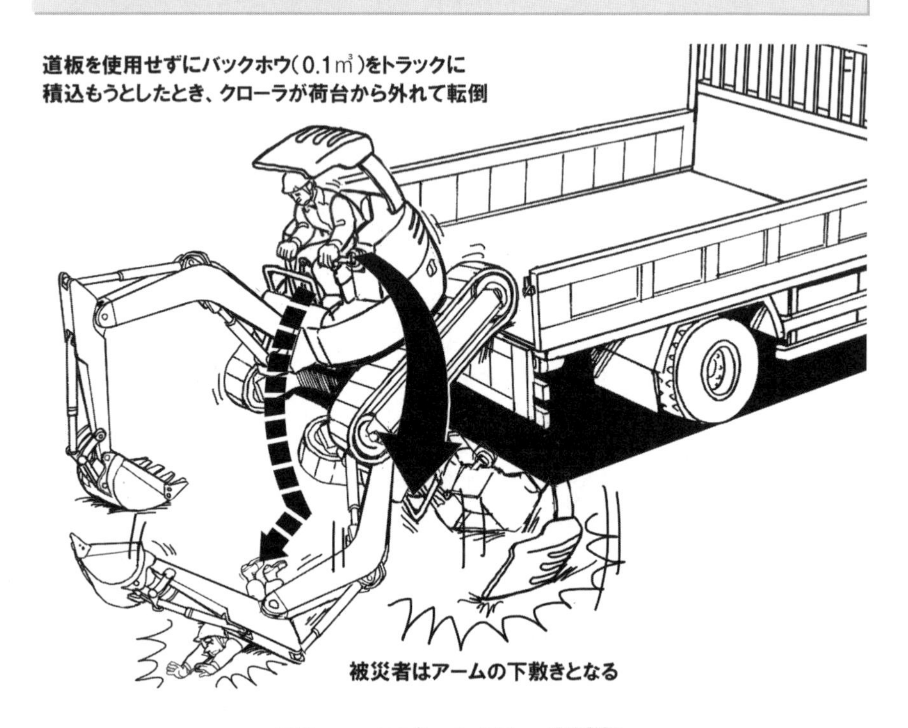


## ヒューマンエラー対策

バックホウのトラックへの積込み・積下ろし作業では、バックホウの転倒による死亡災害が数多く見受けられます。その多くが、道板が外れることや、このように道板を使わないケースです。道板を使わないことはあまりに危険です。道板を使わなくてもいいようにセーフティローダーを使用することが望まれます。

**事例** ブルドーザー（機体重量７ｔ）で整地作業。オペレーターはエンジンを掛けたまま運転席を降り、左側クローラ上に立ったところ、ブルドーザーが後進し、オペレーターは地面に墜落しクローラにひかれた。

## ヒューマンエラー対策

　このようなエンジンを掛けっぱなしで運転席を離れた時に重機が誤作動し、オペレーターなどを巻き込む災害は重機の典型的な死亡災害の一つです。エンジンを切らなければならないのに、エンジンを切ることができない。そして死亡災害が発生する。深刻な問題です。

**事例** ダンプカーの運転手が、ダンプカー停止後に降車し付近の清掃作業中、突然ダンプカーが逸走し、慌てて止めようとしたところ、ダンプカーと対向側のバックホウの間にはさまれた。

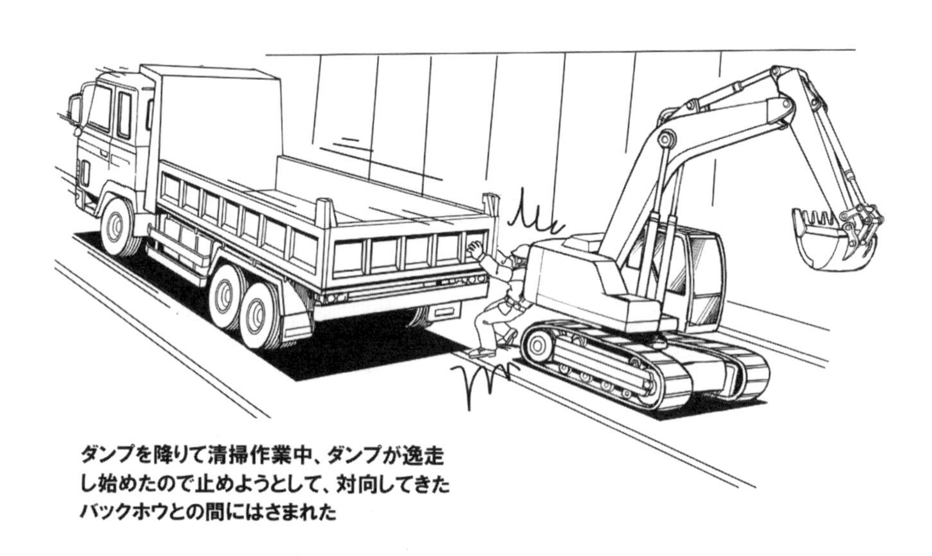

ダンプを降りて清掃作業中、ダンプが逸走し始めたので止めようとして、対向してきたバックホウとの間にはさまれた

## ヒューマンエラー対策

坂道でトラック逸走による死亡災害も後を絶ちません。このように運転手が被災者となるケースが少なくありません。動き出してしまったトラックを見た瞬間、逃げずに何とか止めようと行動してしまい巻き込まれてしまいます。サイドブレーキを引くこと、ブレーキがきいているか確認すること、そして輪留めをすること。逸走防止にはそれらの多重防護が必要です。

## 交通事故（土木21人、建築13人）

**事例** 片側１車線の高速道路対面通行区間で、作業者１名が搭乗するライトバンがセンターラインを越え、対向車線のトラッククレーン（３名が搭乗）と衝突した。ライトバンの１名が死亡し、トラッククレーンの３名が休業見込み７～14日負傷した。

### ヒューマンエラー対策

交通事故による死亡災害が止まりません。建築工事では墜落に次いで２番目に多く、土木工事では重機等にひかれる・はさまれるに次いで、やはり２番目の多さです。おそらく、多くのケースは、急いでいたり、慌てていたためです。そして、頭の中は、到着後の作業のことを考えています。安全運転教育を何度も行い、慌てさせない、運転に集中させることが必要です。

## クレーン作業（土木８人、建築７人）

**事例** クレーン機能付きバックホウで下水管（HPΦ800、重さ約1.2ｔ）をつり上げ、掘削底面（深さ約２ｍ）に設置作業中、下水管が掘削側面に接触し動かなくなったため、被災者が掘削底面に降り、素手で接触部分を外したところ、つり上げていた下水管が振れ、被災者に激突した。

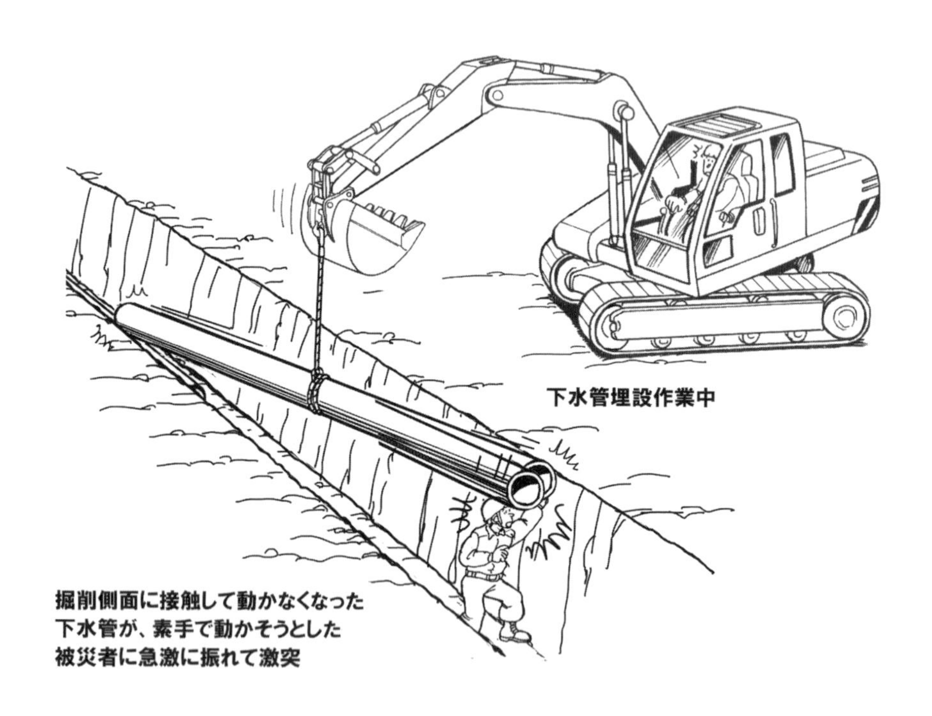


### ヒューマンエラー対策

引っ掛かったつり荷は、それを外すといきなり振れることがよくあります。素手ではなく、つり荷から距離の取れる道具を使用することが求められます。

**事例** 被災者が、最大つり上げ荷重2.3ｔの積載型トラッククレーン（ユニック車）を操作し、別の２ｔトラック荷台から重さ約0.9ｔのフレコンバッグをつり上げ、地面へ下ろしていたところ、クレーンが転倒し、被災者は、クレーンと２ｔトラック荷台のあおりとの間にはさまれた。

## ヒューマンエラー対策

ユニック車の転倒による死亡災害も繰り返し発生しています。転倒の原因は定かではありませんが、フレコンバッグの下ろし場所が遠くブームを倒しすぎたのか、アウトリガーを十分に張り出さなかったのか、地盤養生が十分でなかったのか。いずれにしても、ユニック車による正しいクレーン作業方法を理解し、実践しなければなりません。

## 重機の転倒・転落（土木12人）

**事例** 林道改良工事。残土運搬中の不整地運搬車を方向転換させるため路肩に寄せて走行していたところ、路肩から17m下の河川まで転落した。

### ヒューマンエラー対策

不整地運搬車などの重機は、クローラと地面との接地面は死角となり、路肩のゆるみは十分に把握できないことがあります。重機は死角がとても多いことを頭に叩き込まなくてはなりません。安全に作業するためには、路肩のゆるみを確認する重機誘導員などの配置が必要です。

**事例** 排水路補修工事。被災者が走行集材機械を運転し木材を搬出中、作業道の路肩（傾斜40度）から５ｍ下の作業道（コンクリート路盤）に当該機械とともに転落した。

## ヒューマンエラー対策

これも路肩からの転落です。やはり路肩のゆるみに気づかなかった可能性が高いです。

## 土砂崩壊（土木9人）

**事例** 被災者は、下水道工事現場において、掘削した溝（深さ約2.2m）の中で、敷設された管の位置を確認する作業を行っていたところ、土壁が崩壊し、生き埋めとなった。

深さ約2.2mの掘削溝で敷設した下水管を
点検中、土壁が崩壊し生き埋めとなる

### ヒューマンエラー対策

深さ2.2mと、それほど深くない溝内での土砂崩壊です。どうしても土砂崩壊の怖さが薄れがちになります。しかし、いったん土砂崩壊が起こると、ものすごい土圧で、中の人に襲いかかってきます。しっかりとした土止め支保工を設置しなければなりません。

**事例** 宅地造成工事現場の下水管敷設工事において、被災者２名の共同作業で、溝掘削（幅70cm、深さ約2.1m）内の西側側壁に下水枝管用の横穴をブレーカー等で掘っていたところ、東側側壁（勾配80～88度）が崩壊し、被災者２名が土砂に埋まった。

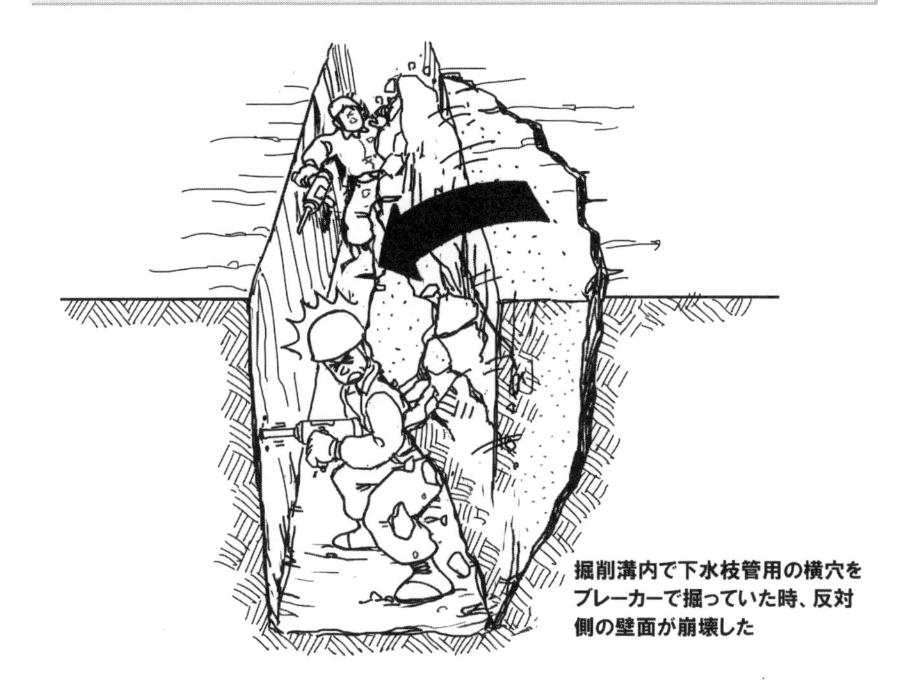

掘削溝内で下水枝管用の横穴をブレーカーで掘っていた時、反対側の壁面が崩壊した

## ヒューマンエラー対策

この土砂崩壊も深さ約2.1mと、それほど深くない溝内での土砂崩壊です。最近このような深くない溝内での土砂崩壊が目立ちます。西側側壁を掘っている際に反対側の東側の側壁が崩壊したものです。壁面の異変に気づくのが難しい状況です。土止め支保工はしっかり行われていたのでしょうか。

## 立木災害（土木4人）

**事例** 雑木林における立木の伐採作業。事業主がチェーンソーを用いて伐倒作業を行っていたところ、付近で地面に落ちた枝の回収作業をしていた被災者に伐倒木が激突した。

雑木林で伐倒した立木が、近くで枝を拾っていた作業員に激突

### ヒューマンエラー対策

伐倒木が周辺の作業員に激突する死亡災害は、典型的な繰り返し災害です。林業でもこの災害が最も多発しています。そもそもチェーンソーで伐倒した木は、思った方向に倒せないことがよくあります。このため、どこに倒れてもいいように、十分な退避距離をとることです。それは伐倒木の高さの２倍です。

## 物の落下（土木3人）

**事例** ＲＣ橋脚下部工における脚柱の鉄筋組立て作業。主筋に帯鉄筋を配筋するため、帯鉄筋を４本１セットとして主筋の上段から中段にかけて３セットを結束線で仮固定中、結束線が破断し帯鉄筋が落下し、帯鉄筋の直下で作業を行っていた被災者に激突した。

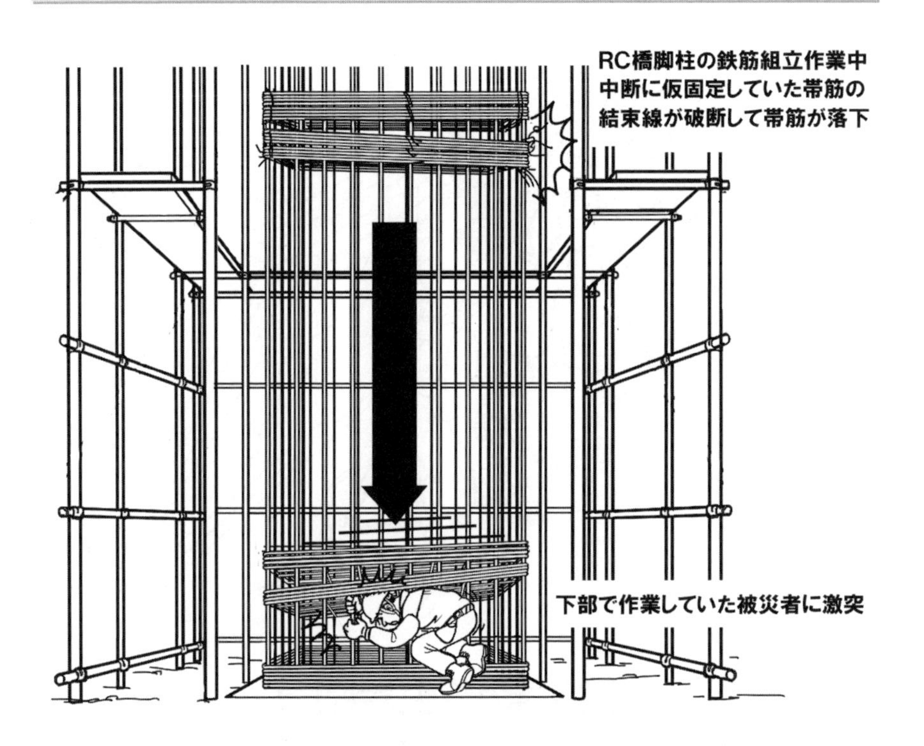


### ヒューマンエラー対策

帯鉄筋が落下し、直下にいた被災者に激突した死亡災害です。仮固定中であれば、落下リスクは増します。ましてや直下にいた被災者は作業していたので異変に気づくのがどうしても遅くなります。

墜落災害以外

## 物の倒壊（土木4人、建築（解体）4人）

**事例** 宅地造成工事において、隣地付近に擁壁を設置するため、掘削作業を行っていたところ、隣地に設置されていたブロック塀が倒壊し、付近で掘削作業を行っていた被災者がはさまれた。

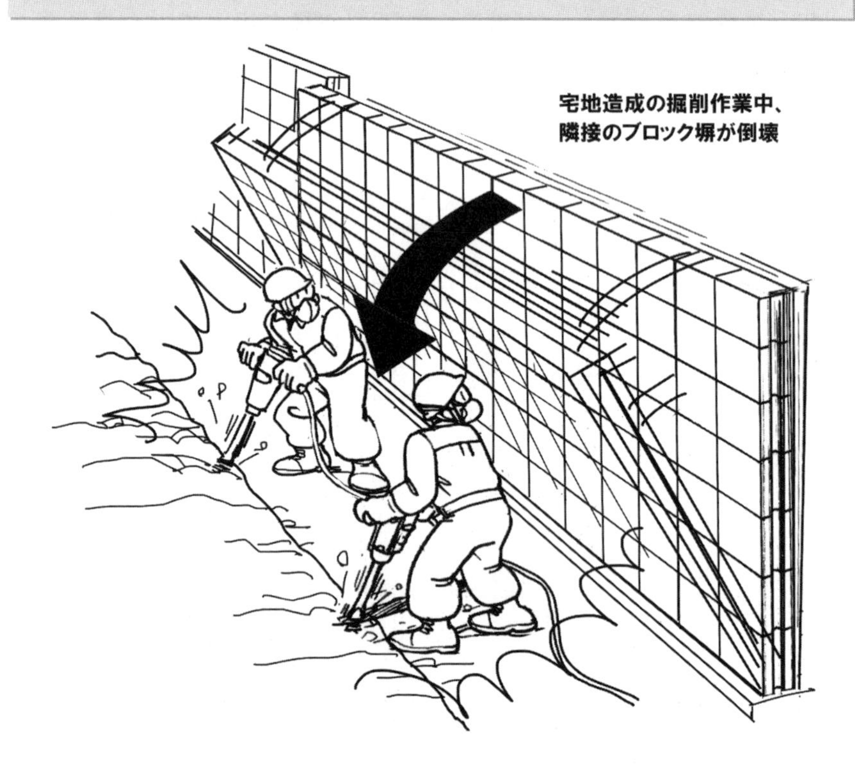


### ヒューマンエラー対策

掘削作業を行っていると、周辺の構造物に影響を与えるおそれが出てきます。この事例では、掘削場所脇のブロック塀が掘削により倒壊が起こらないか事前検討するとともに、掘削中はその監視が不可欠です。掘削作業中の作業員は、作業に集中しているため、崩壊の予兆には気づくことは難しいのです。

## フォークリフト（建築2人、土木1人）

**事例** 工場内で破砕機の防音工事中、作業者がフォークリフトを動かしたところ、操作を誤りフォークリフトが暴走し壁に激突しそうになったため、急にハンドルを左に切ったところ近くにいた被災者（同僚）に激突した。

### ヒューマンエラー対策

フォークリフトの誤操作による死亡災害です。運搬機械も建設機械も誤操作はあると思わなければなりません。実際に、誤操作による死亡災害は後を絶ちません。誤操作しても被災しないよう、近くで作業しないことです。

## CO中毒（土木1人）

**事例** 導水路（直径約３ｍ）の補修作業に伴い、作業者３人が内燃機関付高圧水洗浄機で、ずい道内壁の洗浄作業を行っていた。内燃機関から出るCO（一酸化炭素）によりずい道内のCO濃度が上昇。１人がCO中毒により意識を消失し、他の２人も軽度のCO中毒症状を呈した。３人は病院搬送されたが、意識消失の１人はその後死亡した。

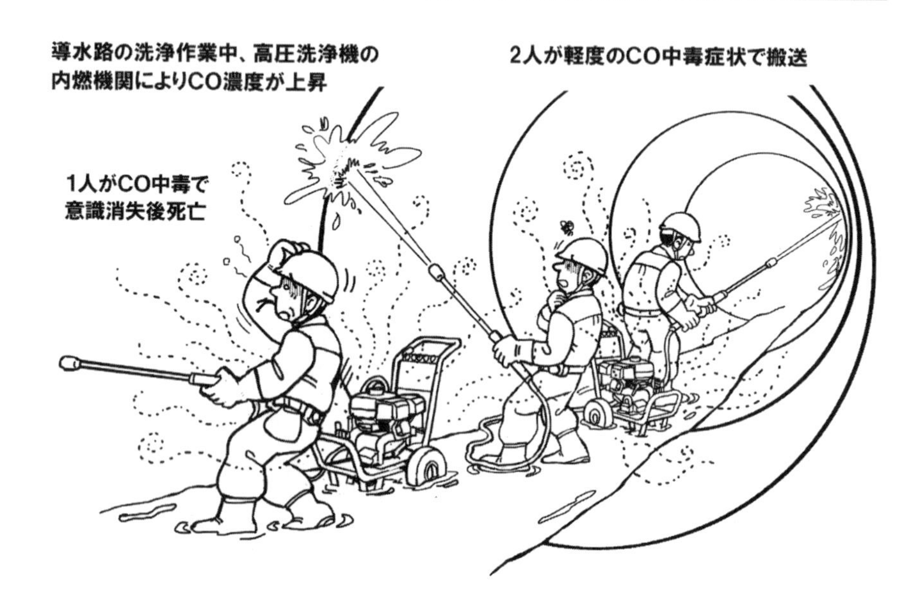


### ヒューマンエラー対策

最近、CO中毒による重大災害（一度に３人以上が被災）があまりに多発しています。本災害の４日後にも、トンネル内で３人が被災する重大災害が発生しました。原因はいつも発電機の不完全燃焼です。空気の流れがない所では、十分な換気を行う、発電機を使用しない、常時CO濃度測定を行うなどの対策が不可欠です。

## 高所作業車（建築1人）

**事例** 被災者とオペレーターの２人が高所作業車でホテル外壁の修繕作業中、搬器底部が外壁と接触して動かなくなったため、被災者が搬器の外に出て接触状況を確認中、バランスを崩し約20mの高さから墜落した。

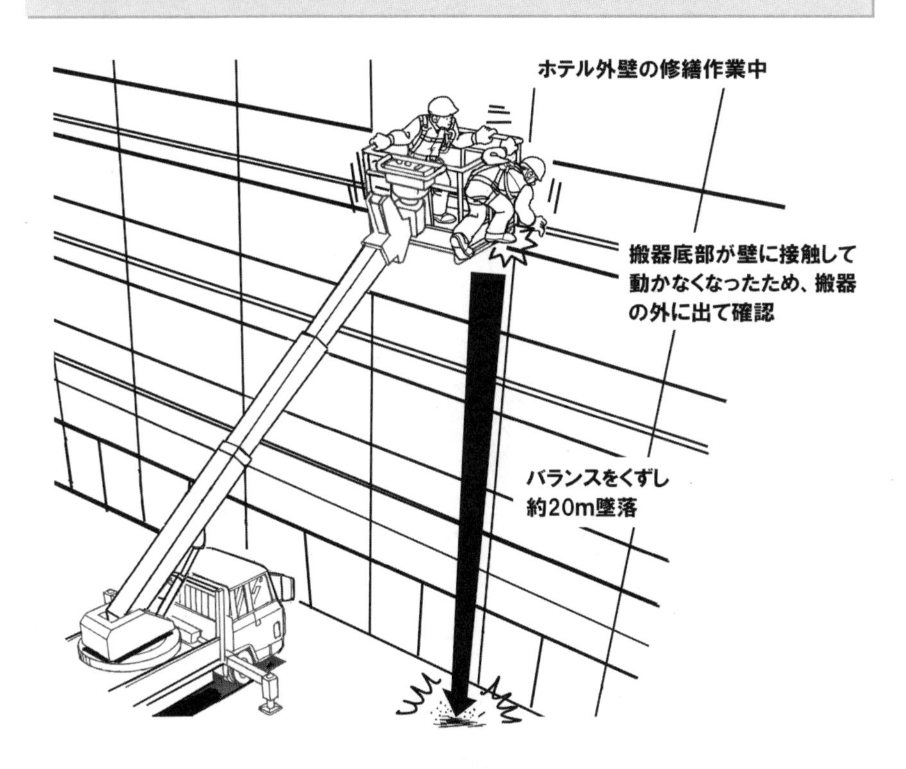


### ヒューマンエラー対策

高所作業車の搬器底部が外壁と接触して動かなくなった時、接触状況を確認するため搬器の外の高さ20mの所に出ることはあまりに危険です。緊急時の対応として、別の高所作業車等の手配が求められます。

## 熱中症（建築5人、土木2人）

**事例** 被災者は午前８時から伐採木等の運搬作業を屋外で開始。午前９時、午後２時に10分間、午前10時、午後２時半に30分間、午後12時に１時間休憩をとった。午後４時に作業終了後、被災者が倒れているのを発見し、日陰で安静にさせたが、嘔吐とけいれんを起こしたため、救急車で病院に搬送した。（熱中症の疑い）

### ヒューマンエラー対策

熱中症災害は、ここ数年、現場でさまざまな対策が講じられていますが、減少しないどころか、平成30年は倍増しました。この事例では休憩回数を普段以上に増やしていますが熱中症が発生しています。熱中症災害は特効薬がないことを十分に理解し、過去から学び、よりリスクを下げる熱中症対策を行うとともに、熱中症の疑いがある者をすぐに見つけ、病院に連れて行くことが必要です。

**事例** 午前９時からコンクリート打設作業に係る左官作業を一人で開始。午後４時30分頃、被災者が倒れているのが発見された（熱中症）。

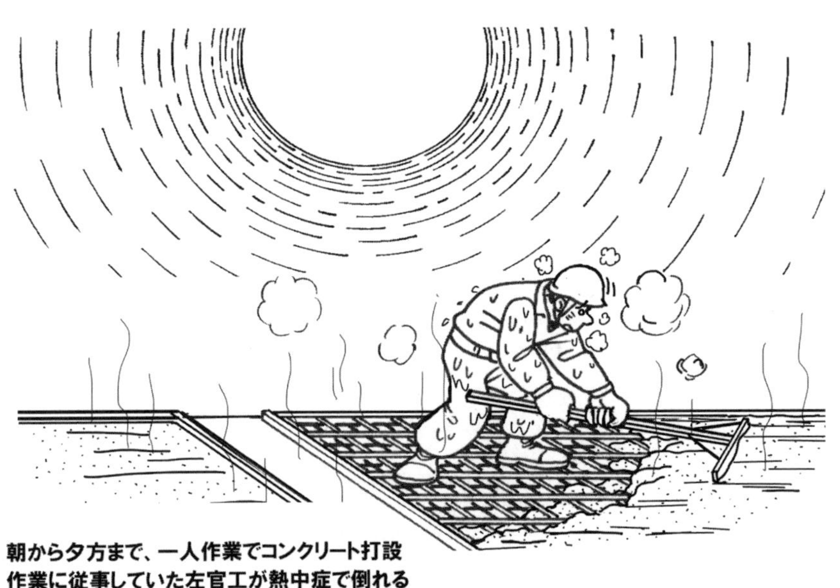

朝から夕方まで、一人作業でコンクリート打設作業に従事していた左官工が熱中症で倒れる

## ヒューマンエラー対策

被災者がいつ倒れたかは不明ですが、午後４時半の発見では、発見が遅れた可能性が考えられます。一人作業の禁止は重要な熱中症対策となります。

## 【著者プロフィール】


## 高木 元也（タカギ　モトヤ）

**所属　独立行政法人労働者健康安全機構 労働安全衛生総合研究所**
**安全研究領域長兼建設安全研究グループ部長**


### 略歴

1983　名古屋工業大学工学部土木工学科卒業
1983－1991　佐藤工業(株)　建設現場（本四架橋、シンガポール地下鉄工事、中部電力浜岡原子力発電所工事）の施工管理業務、土木設計業務等
1991－1992　早稲田大学システム科学研究所（国内留学）
1992－1995　佐藤工業(株) 総合研究所 研究員
1995－1997　(財)建設経済研究所 研究員（社外出向）
1997－2004　佐藤工業(株) 総合研究所 主任研究員
2004－現在　独立行政法人労働者健康安全機構 労働安全衛生総合研究所（現安全研究領域長兼建設安全研究グループ部長）

### 研究分野

リスクマネジメント、ヒューマンエラー、建設業および第三次産業の安全、中小企業対策

### 研究業績（著作物）

1．建設現場のリスク適正評価ガイド【重篤度評価編】（労働調査会、2009）
2．DVDヒューマンエラー災害と対策　全２巻（労働調査会、2011）
3．DVD高年齢者の安全対策（労働調査会、2011）
4．DVDこれだけは守ろう　基本ルール17ヵ条（労働調査会、2012）
5．DVD守っていますか？作業員の法的義務（労働調査会、2012）
6．安全は利益を生む－労働災害損失コストの算定法－（労働調査会、2012）
7．改訂版建設業におけるヒューマンエラー防止対策（労働調査会、2012）
8．安全指示をうまく伝える方法～言ったつもり、聞いたつもりの勘違い（労働調査会、2013）
9．DVD協力会社の事業者責任　全２巻（労働調査会、2014）
10．DVD重機が凶器となる瞬間（労働調査会、2015）
11．基本ルール17ヵ条～これだけは守ろう 建設作業員の法的遵守義務（労働調査会、2015）
12．重機が凶器となる魔の瞬間～重機を信用してはいけない（労働調査会、2016）
13．死亡災害ランキングとヒューマンエラー対策（労働調査会、2017）
14．DVD不注意は起こる「○○に注意」は安全指示とは言えない（労働調査会、2017）
15．DVD“危険軽視”によるヒューマンエラー（労働調査会、2018）